ぜんぶ子どもが教えてくれる

# 探しながら自分を生きる

――さく子の幼児保育――

井上 さく子

サンパティック・カフェ

## まえがき

上を向いているときと
下を向いているときと

心持ち揺れてゆらぐ
心持ち晴れておだやかに

下を向くことが
たくさんある

下を向いて
遊ぶことも
たくさんある

下を向くときって
どんなときかしら？
おとなにしかられて

よく考えてごらんと
言われたとき

友だちに一緒に
遊ばないもんと
言われたとき

誰にも見つからないように
いたずらをしているとき

動く虫たちに
であったとき

なんだか不思議な世界を
発見したとき

数え切れない
数えたことがない
数えようとも思わない

なぜ？

顔をあげると
もうだいじょうぶ？
おとなはぎゅっとしてくれる

顔をあげたら
ごめんね！　意地悪して
友だちと仲直り

隠れていたずらも
なんだかおもしろそう！
と言われて
あれっ？

虫たちもずうっと
穴のなかに？　と
思っていたら
どんどん上に向かう

顔をあげて
前を向いたら
顔をあげて
空を見上げたら

こんなにも
世界が広がるんだ
なんだか
気持ちいいなあ

見上げた先に
きれいなテントが
風とお話ししてる

風も怒ったり
笑ったり
困ったり
休んだりするんだね

見上げたら
ぼくの目に映るもの
わたしの目に映るもの
不思議なことだらけ

下を向くことも
上をむくことも

どっちもあっていい
どっちも大事だいじ

なんだかそんな心持ち

こうして
大きくなったら
何をしたい？

いっぱいありすぎて
わかんない！

そうだよね

遊びながら
考えてごらん
慌てないあわてない
焦らないあせらない

今を夢中に駆け抜けて!

いつも
どこにいても
すべての子どもたちの
しあわせ願って

幼児の世界を
わたしからあなたへ

井上さく子

# もくじ

まえがき ……………………………………………… 2

## 幼児期の始まり …………………………………… 9

### I 3歳児を語る前に ……………………………… 10
人の土台づくりは幼児期で決まる ……………… 10
3歳児までの育ちを振り返る ……………………… 10

**コラム** さく子のつぶやき
〈"ぜんぶ子どもが教えてくれる"
"子どもから学ぶ"に目覚めたとき〉……… 12

## 3歳児 ……………………………………………… 13

### I 育ちの基本 ……………………………………… 14
3歳児の自己主張は心で葛藤しながら ………… 14
はじけるとは？ …………………………………… 14
はじける3歳児の中身 …………………………… 16
エピソード■ はじけたいよ！ …………………… 16
集団で一斉にやることの不自然さ ……………… 17
3歳児だけの取り組みを ………………………… 17

### II ケンカの仲裁 …………………………………… 19
はじけるには理由がある ………………………… 19
その場だけで判断せず観察し見極める ………… 20
自分で気づき言葉化できるまで続ける対話 …… 21
エピソード■ 対話の糸口をつくる ……………… 21
おとなの支えを受けながら
言葉で相談していける …………………………… 22
エピソード■ わたしが先に約束したのに ……… 23

### III 生きる力を育てる ……………………………… 25
生命に触れる ……………………………………… 25
自然物に出会う …………………………………… 26
エピソード■ 散歩先で物と出会う ……………… 26

### IV 仲間から学びつつ集団に向かうプロセス …… 28
3歳児の仲間関係の育ち ………………………… 28
エピソード■ ときには引いてみる ……………… 28
自分を律する心の芽生え ………………………… 30
仲間に刺激をもらいながら育ち合う …………… 30

エピソード■ フライパン……………………31
　　学習していくプロセスこそ教育……………34
　　実践◆絵具遊びから洗濯へ…………………34
　　出たり入ったりが自然に……………………35
　　自分で決めたい遊びの収束…………………36
　　おとな同士のコミュニケーションなくしては…36
　　3歳児と4、5歳児の違い…………………37
　　子どものつぶやきを見逃さない……………38
　　遊びは仕事　仕事は遊び……………………39
　　『洗濯かあちゃん』になった子どもたち…40
　　洗濯物をたたむ子どもたちの心持ち………41
Ⅴ　遊びが見つけられない子どもの心理の読み解き
　　方、仕掛け方………………………………42
　　ふらふらしているように見える子どもの見方…42
　　エピソード■ ひとり遊びを
　　　　　　　　十分に体験できなかった子……42
　　大切な忘れ物…………………………………43
　　遊び方を教えるのではなく、気づかせていく…43

Ⅵ　個と集団……………………………………45
　　一人ひとりみんな違うということから
　　スタートする………………………………45
　　指示命令で育ってくると個が育たない……45
　　ひとり遊びの不足はイメージの乏しさに…46
　　遊びのイメージをつかみやすくする………46
　　決めつけた見方をしない……………………48

# 4歳児……………………………………………49

Ⅰ　4歳児とは…………………………………50
　　いたずらに子どもの世界に入らない………50
　　4歳児の仲間関係……………………………50
Ⅱ　性の違いに出会う…………………………52
　　性差の誕生……………………………………52
　　くっきり分かれ始めるイメージの世界……52
　　リアルさが増すごっこ遊び…………………53
　　エピソード■ 美容院ごっこ………………53
　　水面下で起きる微妙な感情…………………54
　　エピソード■ タオル落とし事件…………55

おだやかでまとまりやすい年齢……56
子ども同士で解決する力が育つ……56
「偉かったね」の代わりに「ありがとう」……57
4歳児への仕掛け……59
4歳児の心の育ち……59
複眼的に子どもを見る……60
くみちゃんのものがたり
**箱入り娘の開花**……62
**コラム**　さく子のつぶやき＜自分を知る＞……66
**コラム**　さく子のつぶやき＜足と手に注目＞……67

# 5歳児　69

## I　育ちの基本……70
自分たちで決めて相談できる力……70
物に触れ合う体験を通して育つ心……70
心の成長が著しい時期……71

## II　子どもの内面に寄り添う……72
コミュニケーション能力を育てる基礎……72
おとなの立ち振る舞いを見える化する……72
鋭くおとなの立ち振る舞いに反応する……73
エピソード　子どもが感じる
　　　　　　おとなの振る舞い……73
子どもの遊びを邪魔しない……74
人としてのマナーを学ぶ……74
おとなの知らない世界で……76
エピソード　花になって咲いてきてね……76
エピソード　年長児の運動会の練習……78
子ども自身が納得するまで……80
子どもに学ぶ視点を本気で……82

## III　遊ぶこと、生きること……83
当番も遊びの一つ……83
エピソード　育てた野菜がメニューになって……83
**実践◎お米作り**……84
本物の学びとは……85

## IV　就学を前にして……86
年長児は園の集大成のモデル……86
※　表現活動の集大成　劇づくり　※……87

※　食育プロジェクト　※ ……………… 89
　　■野菜編 …………………………………… 89
　　■お米編 …………………………………… 92
　　■食育プロジェクトを通して育みたいもの …… 93
　さとしくんのものがたり
　**やんちゃ坊主が遊びの天才に** ……………… 96
　困ったな相談 ＜子どもの興味関心を見逃さない＞
　　…………………………………………………… 102

　みっちゃんのものがたり
　**異年齢交流で育った** …………………… 104

## 異年齢保育 …………………………………… 109
### I 「見えない手つなぎ」があってこそ …… 110
　　子どもが自由に選択する異年齢保育 …… 110
　　園中を自由な空間に ……………………… 110
　　自分たちでルールを決める ……………… 111
　　はじける３歳児には異年齢は効果的!? ……… 112
　　観察力を研ぎ澄ます ……………………… 112
　　遊びを通して自然な異年齢の関わり ……… 113

　エピソード■風を感じて ………………… 113
　　自然を感じる体験 ………………………… 114

## 職員集団 ……………………………………… 117
### I 園長・副園長・主任の役割 …………… 118
　　現場を共に把握することによってつながる … 118
　　園長・副園長・主任に必要な視点とは …… 119
　　副園長 ……………………………………… 120
　　職員にたいする仕掛け …………………… 120
　　職員集団の連携をとるには ……………… 121
　　プロジェクト型の保育 …………………… 122
　あとがきにかえて
　　　＜自分の生い立ち　幼少期＞ ………… 124

　＜解説＞汐見　稔幸 ……………………… 128

# 幼児期の始まり

乳児期の豊かな土台に
みんなで花を咲かせるとき

# I　3歳児を語る前に
## ～乳幼児のおさらい～

### ＜人の土台づくりは幼児期で決まる＞

　幼児期の具体的な体験がどれだけ重要か、そこで人としての土台がつくられると言っても過言ではないくらい大切なことと感じています。

　乳児はまだまだおとなの助けが必要な時期ですが、幼児になると先生の言葉よりも友だちの言葉がとても貴重で、影響も大きい。

　おとなから言われるよりも、仲間関係の刺激で変わってきたりすることが多いのです。

　"やりたくない"と思っていても、大好きなお友だちがやるのを見て、ちょっとだけ我慢してやってみたら面白かったとなったり、その逆もあったりします。

　そういう意味でも、子どもたち自身で選べる人的・物的環境が豊かであって欲しい。とくに幼児期の時代は、選択肢を広げて欲しいと思っています。

### ＜3歳児までの育ちを振り返る＞

　0歳児は、おとなに守られた世界で、おとなとの愛着関係（アタッチメント）をたっぷり受けて、1年間かけて成長していきます。

　歩行ができるようになると、守られていた世界を飛び出して、自分の足で歩き始めます。

　歩き始めた子どもは、立って目に映る世界に触れ、移動した先にあるさまざまな道具・物に自ら手を伸ばし、試して遊びます。

1歳児は「自分が」「自分で」という自己主張が始まります。

1歳児の育ちではまずひとり遊びが鍵になります。

ひとり遊びを自分で選べる。飽きたら別のところに行って遊ぶ。そのように自分の遊びが十分に自由に保障されていくと、子どもは満足します。

その満足感を得たうえで、1人で遊ぶよりも友だちと関わったほうが面白いということにしだいに目覚めていきます。

そのために人的・物的両方のバランスを考えながら、いつでもひとり遊びを十分に出来る環境構成を用意していきます。

2歳児は言葉の道具を使って、2〜3人の友だちと少しは関わることができるようになります。

「入れて」「だめよ」というあたりから目覚めていくのですが、その関係は、まだ自分の力だけではコントロールが難しく、おとなの助けを借りながら成立していきます。

そのような乳児期の体験を下地にして、羽ばたいていけるのが幼児です。

**コラム**

さく子のつぶやき

〈"ぜんぶ子どもが教えてくれる""子どもから学ぶ"に目覚めたとき〉

　保育士になりたての頃、"育てることイコール教えること"と思っていた時代がありました。

　保育は「上から指導、教え込むことではない」ことに気づかされたのは０歳の子どもたちからです。

　赤ちゃんは、まだ何にもわからない真っ白なのではなく、赤ちゃんこそ誰よりも吸収していく時代ということを学び、気づかされたときに、その瞬間から、パパでもなく、ママでもない、おじいちゃま、おばあちゃまでもない、「このわたしでいいですか？」と問いかける自分がいました。

　とくに乳児期は、言葉はないけれど、心通わす対話から始めていくと、コミュニケーション能力が少しずつ育まれていき、「この人はホッとする安心の人だ」「ぜんぶ心を委ねて飛び込んでいくと、ギュッとしてくれる人だ」と認めてくれる、ここからすべてが生まれていく。

　保育・教育は上から教えるのではなく、すべての子どもの育ちから学ぶ、ということを研ぎ澄ませていくと、子どもが何を願っているのか、何をして欲しいのかをわたしに教えてくれる。

　たどりついたところはそこでした。

　子どもはいつも、「ほっといて欲しい、それで"ぼく・わたし"は幸せなんだ」と言いたいのではないかと気づかされたとき初めて「保育をしてあげよう、子どもたちのために」が保育ではないと思えるようになりました。

　子どもの育ちのエピソードや物語を、わたしと子どもとあなたの真ん中に据えて、一緒に学び続けていこうと思っています。

# 3歳児

ぼくは誰よりもぼくが好きと言える子どもは
友だちが好きと言える
わたしは誰よりもわたしが好きと言える子どもは
友だちが好きと言える
友だち欲しいな〝ぼく・わたし〟のステージに立ち
友だち探し、友だちづくりの始まり

# I　育ちの基本
## ～はじけることを十分に～

**＜3歳児の自己主張は心で葛藤しながら＞**

　奇数の年齢は「自分で！」という自己主張がより強くあらわれてくる年齢です。1歳児ほど密着しなくてもいいのですが、3歳児でも似た〝育ち〟があります。

　1歳児は「自分で！」と言ってもできないことも多いのですが、3歳児の「自分でできる」は、完成ではないけれど、ほぼ自分でできるようになり、自立に近づいてきています。

　しかし、自分でできるのに「やって！」「いまやって！」「この先生がいい」「この物がいい」「この場所がいい」とこだわります。

　3歳児の「やって！」は手助けを求めているというよりは、心の支えを求めているのです。

　2歳児のこだわりと違い、3歳児は自己主張しながら相手の反応を試し、この人はすぐにやってくれる、この人は厳しい、などを感じ取っていきます。

　仲間のなかでも、その力関係を試すようになるので、ケンカも多くなります。

　このように、3歳児の「自分で！」のなかには、さまざまな情緒面の葛藤があるのです。

**＜はじけるとは？＞**

　〝はじける3歳児〟という場合、0、1、2歳児の発達の節目をしっかりくぐらせてもらったうえで「〝ぼく・わたし〟の人生これから」という次のステージに向かう発

達の節目に起きる、漠然としたイメージのまま行動する混乱期のことをわたしは〝はじける〟と呼んでいます。

　おとなを軸にして、おとなに「助けて！」を求めた２歳児よりも、３歳児はさらにステージが変わって、「友だちが欲しい〝ぼく・わたし〟の世界」へと、まずは飛び出すところから始まります。
　外に出たらあれで遊ぼうというよりも、外に出てばったりと遭遇した物や人と関わったところで遊びが始まります。
　これが４、５歳児になると、外に出たら小屋で遊ぼう、タイヤで遊ぼうとある程度イメージして、気持ちの合う仲間同士が飛び出していき、そこから遊びを決めていきます。
　しかし、３歳児は漠然としたイメージを抱いていても、出会ったことに刺激を受けて遊んだり、ぶつかったり、この人と遊ぼうと思っていなかったのに、面白そうだからこの人と遊んじゃえ、というようなはじけかたなのです。
　こうして、あっちでもこっちでも、子ども自ら関わって遊ぶようになり、２、３人の友だちから集団となっていきます。
　うまくつながれば、〝友だちと遊ぶって面白い〟ということも学びます。一方で、うまくいかないときは派手なケンカになったりもします。そういうことが日常茶飯事なのが３歳児の育ちです。

　一見いきあたりばったりに見える行動は、まだまだおとなを軸にしながら、たくさんのことを学習していこうとする意欲のあらわれでもあるのです。
　それだけに３歳児の「〝ぼく、わたしの人生これから〟」という新たなステージを、０歳児の最初と同じくらい大切に思い、心を据えて保育を展開していかなければ、４歳児５歳児の育ちに連動していかないと思っています。

## ＜はじける３歳児の中身＞

　３歳児の育ちの特徴として言える〝はじける３歳児〟とは、４月の年度当初で落ち着かないからはじける、ということだけではありません。

　３歳児の心持ちは大変複雑で、１人ではできないけれど、誰か一緒だったら悪さもできる。１人が部屋から飛び出したりすると、お前もついてこいよというようなサインを出し、１人どころかごそっと行ってしまいます。

## エピソード■はじけたいよ！……………

　ホールで走り出したりする。そのときに、
「こらーっ」と言うのか、
「もう知らないよ、来なくていい！」
と言ってたたみ込むのか。
　４、５歳児くらいになると卒業してきている感情だが、３歳児は「来なくていい」などと言われたら「やったー」と、もっと走りまわる。

「疲れるまでどうぞ」と言うと、
「疲れるまではしたくないけど、少しは「走りたいよ」というやりとりが必ず出てくる。
「それまで待ちます」と言うと、
「待たれるほどじゃない」と言葉に反応する。それでも「しばらく待ちます」と言うと、
「しばらくじゃないけど……」という対話になってくる。

　みんな一人ひとりはじけ方が違います。１年かけてはじけながら、やがてはじけなくてもだいじょうぶになるように、自分をコントロールできるようになっていきます。

　それが４歳を迎える頃になると、ぐんと変わってきます。

## ＜集団で一斉にやることの不自然さ＞

　３歳児は幼稚園にとっては、保育園でいう０歳児と同

じで「はじめまして」の世界。わたしたちがその世界を見守れるか、じっと待てるか、タイミングをつかんで仕掛けられるか、ということが問われます。

一人ひとりはじけ方がみんな違う3歳児は、表現の仕方も場所によって異なります。

生活発表会などで舞台に立って歌うのも、ふざけるのも、場所が変わっただけで、3歳児にとっては全部遊びなのです。

その育ちを知るにつれて、3歳児の集団に一斉に何かをやらせるということに疑問を感じ始めました。

20数名がずらりと並んでおじぎをしたり、歌ったりすることは不自然だと思いませんか？

### ＜3歳児だけの取り組みを＞

保育現場でのわたしの実践経験からも言えることなのですが、かつて勤務した保育園でも「冬の子ども会」という文化的な発表の場がありました。

今までは、3歳児も当然のように4、5歳児と同じ日に劇ごっこなどをやっていました。

その保育のあり方を、育ちの切り口から振り返り、見直すことから始めました。

3歳児は何回練習しても、いつもでこぼこになります。

「自分の場所はどこ？　ちゃんと並んで！　そこは違う！　はい、前を向いて！」などと言われると、イラッとする3歳児です。

2、3秒でそろったかな？　と思っても、ちょっとしたきっかけでまたヒャーッとなります。

でもそれはふざけてやっているのではなく、3歳児の心の育ちと身体の育ち、発達の段階がそうさせてしまうのです。

それよりもごっこ遊びの世界で、たとえば覚えた歌を

「ホールで歌って遊んでみようか〜」と誘うと、同じホールでもむしろ子どもは生き生きと表現していきます。

　人前に立つことが、恥じらいだったり、てらいだったり、そういうことも正常な発達だということです。
　それをうまく自分でコントロールできないので、身体で表現するしかない。そのような育ちの視点から見て、4、5歳児と同じように一斉にさせるのは無理があるということを提案して、だんだんに3歳児だけの発表の場にするというように変わってきました。

# Ⅱ　ケンカの仲裁
### 〜まず子どもに問うことから〜

### ＜はじけるには理由がある＞

　3歳児がはじけるのは、ちゃんと理由があることに気づかされます。

　理由があってさぼりたくもなるし、理由があってたたきたくもなる。そのコントロールがまだ十分にできないのです。

　できると思ってやったり言ったりしたために、ぶつかり合うこともあって、ケンカがあっちでもこっちでも起きてしまいます。

「この年齢で起きるケンカの仲裁をどのようにすればいいのか」
「タイミングはいつなのか」
「言葉の添えかたはどうするのか」
と聞かれることがよくあります。

　おとなはまず、
「どうして、あなたたちはケンカしちゃうの？」
と、それを止めに入るのがプロの仕事とはき違えてしまい、実際止めに入っていることも多く見受けられます。

　しかし、止めても止めても、子どもたちは納得していないので、一瞬は止まりますが、違う場所に行って、また違う子どもにそのストレスをぶつけたりします。

　説明よりも感情が先に出る3歳児にとっては、
「どうして？　と聞くんだったら、先生なんだから、最初からちゃんと見ててよ！」というのが子どもの言い分だと思いませんか？

### ＜その場だけで判断せず観察し見極める＞

　そういうときには、その場面だけを捉えて「どうしたの？」と口を挟むのではなく、最初から見ていられなかったとしても、自分が見始めた瞬間から、その子どもたちのやりとりをじっと見続けます。

　ガリッとやりそうになったり、手を上げそうになったら止めますが、その問答を止めることはしません。

　そうすると、これはこっちから仕掛けたケンカだなとか、仕掛けているように見えるけど、本当はこの子が意地悪しているなという見極めもできるようになります。

　どっちが先だったということではなく、感情の動き、心持ちの動きを、問答している姿から読み取っていきながら、見極めたその瞬間に、「ちょっといいですか」と相談をかけていくのです。

　そうすると子どもたちも、すぐ中止されたり、割り込まれたりしてのイラッと感ではなく、先生はちゃんとぼくたちのケンカまでも見ていてくれると、気持ちの奥底では感情的にはなっていても、ちょっとほっとします。

　3歳児であっても、いざというときには「先生」と助けを求めればいいということもわかってきます。

　だからおとなは根気よく向かうことが大事なのですが、どうしてもおとなは、
「どっちが先だった？」
「ごめんなさいと言えますか？」
などで済ませようとしがちです。

　でもケンカは、さまざまな感情が含まれている大事な体験なのです。
「ぜったいゆるさない！」とか「いじわる！」〝プイ〟となっても、ただ感情的になるだけではなく、「大好きなお友だちだから、いいよって言わなくっちゃ」というように、ケンカのまるごとに豊かな感情が含まれているのです。

〝許せない〟だけど〝許せる〟〝許せるぼくってエライ！〟

というような、複雑な感情が揺れ動き、自分をほめ、そのあとスッキリできる体験でもあるのです。

## ＜自分で気づき言葉化できるまで続ける対話＞

### エピソード■対話の糸口をつくる⋯⋯⋯

M保育園には、クラスに27人の仲間がいるが、一人ひとり育ちは違うので、ケンカも激しく、意地悪も激しい。

物を取った、取らないでぶつかったり、誰かがエイッと広告紙で剣を作ると、すぐ広がって「エイッ、ヤアッ」と部屋中でやろうとする。

でも、おとなは、「そういう遊びはどうなんでしょう？」「やって欲しくない」と疑問視したり、否定したりして、おとなの都合でやめさせたがる。

でも子どもはやりたいと思って剣を作り、その剣で遊びたいと願っている。

「それは危ないから、作るだけね」などと言われようものなら、2倍、3倍暴れる。

そのときに、
「あら、素敵な剣ができたね」と対話を始めると、
「これ自分で作ったんだー」
「剣ってなあに、知らないから教えて！」
「エー知らないの？　これはね」と剣の構えをして見せて「エイッ」とやり、そのうちに全身でやる。
「かっこいい？」
「かっこいいね」
「かっこいい」という言葉を耳で拾って、そばで遊んでいた子どもたちが、ぼくもやってみようと1人2人3人になる。

この3人という奇数はややこしくて、「○○ちゃんとだけやってたんだから、やらないで！」となると、そこでケンカになり、剣を振り回す。

そのときおとながどう関わっていくか、プロとして問われる。
「ケンカしないで仲良くやって！」
「ケンカするんだったらやめて！」
「ケンカするんだったら、ケガするから先生が預かる」
というようなことが、まだまだあると思う。
　危ないということは、やってみて初めて、子ども自身が気づく。
　言葉で危ないと言われても、止めることはできない。目に突き刺さりそうだなと危険を察知したら、もちろん見逃さず、おとなが止める必要がある。
「なんで？」と聞かれたときに初めて説明する。
「目に入ったら大事な目が見えなくなってしまう、そうなったらどうする？」と聞くと、
「いやだ、目が見えなくなったら怖い。目に入らなくてよかった！」と言う。
　そこがポイントなのです。

　子どもは自分で立ち止まり、振り返り、気づいていって言葉化していきます。
　それをおとなが「教えてあげなくちゃいけない」と思い込みすぎていませんか？
　これはすべての年齢でも、さまざまな場面に言えることだと思います。
　『相談の先に答えは出さない』という語録は、とくに幼児期においてはとても大事なキーワードだと思います。

### ＜おとなの支えを受けながら言葉で相談していける＞

　3歳児が、〝言葉で相談する〟ときは、おとなが仲立ちし、キャッチボールを助けながら進めていくことから始まります。
　4歳児になると、言葉の引き出しが2歳児の倍になります。言葉の引き出しが豊かになるということは、心の成長もぐんと育っているということなのです。
　そして、4、5歳児になると子ども同士で相談できる

ようになっていきます。

## エピソード▪わたしが先に約束したのに……………

「〇〇ちゃんと遊んでいるときに、お食事一緒に食べようね」と約束したのに、自分があとから来たばかりに、すでに違う人が座っていた。

　それを見ただけで泣いたり、そばに行ってたたいたり、どかそうとする。

　そういうときにおとなはどうするのか？

　一般的には「〇〇ちゃん、そんなこと言っても、あとから来たのはあなたでしょう？　本当に一緒に座りたかったら一緒に来たら良かったんじゃないの？」などと言ってたたみ込んでしまう。

　そう言われれば言われるほど、「ここがいい！」と意固地になり、気もち良く座っている子までとばっちりを受けてしまい、2人で泣くことになる。

　この時期の2、3歳児は、まだ未熟で言葉で相談できないので、そういうときには、

「あら大変！　どうしましょう。わたしも一緒に泣きたい気持ち」と本当に困って言うと、

「園長先生は泣かないで！」

と言いながら、自分たちは泣く。

「じゃ泣き終わったら聞きますね」と言う。

"そうか、こうやって泣いていてもらちがあかないな"という空気を吸ったときに、一生懸命自分で涙をふきながら、泣くのをやめる。

「泣かないでちゃんと言ってごらん」とおとなに言われてやめるよりも、自分でやめたときに心のスイッチが入る。

「だってね……」

「そうだよね……」と、子どもが言ったことをそのまま返してあげる。ただそれだけでいい。

　そうやって自分の気持ちをコントロールしていくこと

ができると、「今日は我慢する」とか「ほんとはいやだけどあっちに座る」となる。
　子どもに助けられたわたしは、
「よかったー、助けてくれてありがとう」と感謝する。

# Ⅲ　生きる力を育てる

<生命に触れる>

　今人工的な空間で生きている子どもたちですが、"生きる力を育てたい"というときに、おひさまの光、ふりそそぐ雨、水や土、虫などの生き物、花などの植物などがそこに生きているという"自然"を感じる機会が少なくなっています。

　20年ほど前、耐震工事のため仮園舎生活をしたことがありました。

　このとき、テニスコート3面ほどもある園庭があり、月明かりや星も見える、太陽と月も交代するということを子どもたちは遊びのなかで知ることができたのです。

　ずっと真っ暗だったら大変です。ずっと明るくても大変です。子どもはそういうことを自然事象のなかで学んでいきました。

　太陽が出ないとお外に行けない、雨だと散歩に行けない。幼児期にどれだけそういう体験をくぐらせて、自然のなかで生かされていることを認識できるのでしょうか？

　じっと地面を見ていたら、ありんこが出てきた。30分でも1時間でも、ご飯を食べなくてもいいからありんこと付き合わせて、というような一人ひとりの願いがかなえられたら、どんなに幸せだろうと思います。

　おとなにも子どもにも等しくある時間を、おとなが時間割として区切っているだけであって、本当は子ども

は、ずっとありんこと共に一緒に生きていけたら幸せだろうな、と思うかもしれない。

　そういう自然環境を子どもたちに気づかせていく。それが〝生きる力を育む〟ことへの始まりではないかと思います。

### ＜自然物に出会う＞

　自然体験をさせてあげようにも、園庭がないなど、無いものづくしのなかで、それに代わるものとして何があるか、次の手段として具体化していくことが求められます。

　園庭がない園は、せめて散歩に早くから出かけていって、目的地でゆったりと遊ぶ。
「ハイ、今日は散歩先でドッチボールやるよ、かくれんぼするよ、おにごっこやるよ」と枠にはめるのではなく、本当に今日は自分たちが遊びたい場所で十分に遊んでいいよ、ということが一日の始まりであって欲しい。

そこでいろいろな動植物や、物と出会い、〝生きる力〟を感じていくのです。

## エピソード■散歩先で物と出会う………

　子どもたちは散歩先で棒きれを見つけると、振り回したくなる、戦いたくなる。でも必ず保育士は危ないからやめて、と注意する。
「持って帰りたい」と言えば、
「危ないから置いていこう」と促す。

　子どもの気持ちより、帰る途中で友だちをたたいたり、小突いたりしたら大変なことになる、とおとなの都合を優先させてしまう。

　なぜそこで「子どもたちに持って帰りたいの？」と聞けないのだろう？

　子どもはそこもちゃんと想定しながら考えているのに、「振り回さないでね、友だちをたたいたりしないでね」

と言ってしまうと、子どもは一応「はい」とは言うものの、イラッとして「たたいてやる、小突いてやる」と、逆の気持ちになってしまう。
「どうやって持って帰るの？」と聞くと、
「引きずって持っていく」と言う。
「こういう持ち方だったらだいじょうぶだね」と確認し、共感する。

　そういう自然物も、その子が安全に持ち帰られるように、子どもと相談して、自分で考えて答えを出せるように導いてあげられるといいなと思います。
　子どもたちが願っていることは、あれこれたくさんのことではなく「とにかくほっといて！　自分で考えさせて」ということ。
　放任や放棄ではない、本当の自由を与えて欲しい、というシンプルな願いなのだと思います。

# Ⅳ　仲間から学びつつ集団に向かうプロセス

## ＜3歳児の仲間関係の育ち＞

　2歳児は仲間との関わりの始まりです。2、3人の友だちと関わって遊びます。

　でも3歳の声を聞くと、2、3人じゃ足りない。

たとえば役割分担して遊びたいときに、

「お家ごっこするから、あなたはパパになってね、わたしママになるね、あなたはバブちゃんになってね」

「いやだ、バブちゃんなんて。わたしもママになりたい」

　そこでケンカになったりする。

「お願い、今だけわたしをママにさせて！」

「終わったら代わってね」

という約束を交わして成立する。

　2歳児はまだ優しい関係で順番待ちもできますが、3歳児は自己中心的で、自己主張の塊なので、

「ママをやりたい」

「エーそんなこと言わないで、わたしが先に言ったんだからわたしをママにして、あなたはお願いだから妹役をして」と言っても、

「いやだ、絶対ママがいい」と両方譲らないとき、見守っていたおとなは、そろそろ助け舟を出しにいったほうがいいかなと、タイミングをはかっています。

　その助け方がポイントです。

## エピソード■ときには引いてみる

「〇〇ちゃん、〇〇ちゃんがママ役をやってから代わってもらったらどう？」

という言い方をよくする。子どもはそういう言い方をされるともっとイラッとする。

　そこで、「いつまで続く？　この相談」という言い方をすると、
「べつに、いつまでだっていいでしょ！」
と3歳児くらいだと反抗してくる。
「そうなんですね、わかりました」と引いてみる。
　子どもにしてみると、引かれては困る。
「いつまでだっていいでしょ」と言ったものの、いいところに先生が助け船を出してくれたと思っているわけなので、"そこで引かないで"と思う。
　自分の心が揺れ動いているので、「先生、だってね」と、助けを求めてくる。そのときに、本当の自分の気持ちで相談が始まる。
「そうだったの、そうだったんだ。その気持ちよ〜くわかる。じゃ〇〇ちゃんにも聞いてみる？」と尋ねる。
「聞いてみましょう！」と言うと、自分が仕向けられた感があって、それもイラッとするのが3歳児。
「聞いてみますか？」とお伺いを立てて「うん」と言ったらしめしめと思う。
「〇〇ちゃんの悩みを聞いてくれますか？」
「いいよ」ということになって、あとは子ども同士で相談ができるようになる。

　ずっと待っていても、「妹をやって」と言うので、「いい、わかった、その代わり、ぜったい次はわたしがママをやるからね」と心が動き、いやだなと思う気持ちを1回自分でリセットして、その代わり交代してねということで遊びが続いていく。

　見守るとか、寄り添うとか、関わるとか、言葉を添えるとか、言葉を受け渡すということの中身が、3歳児ではすごくデリケートです。
　言ってしまったばかりに、もっと地雷を踏むことになったりしますが、その経験も大事なのです。

＜自分を律する心の芽生え＞

　手に持ったらスコンとたたいたり、ポンと投げたりするのも３歳児。

　トラブルが起きたとき、お友だちにやりそうだな、というときには、

「ちょっとごめんなさい、たたきたいんですか？　たたきたかったのね、わかりますよ、じゃどうぞ！」

と言うと、

「たたかない」

「あれ？　たたくんじゃないの？」

「たたかない」

「じゃどうする？」

「ちゃんと自分で言いに行く」と言う。

　そこではちゃんと律することができるようになります。

　そうやってたくさんの場数を踏んでいくことで、物で友だちをやり返すのではなくて、ちゃんと自分の気持ちを相手に伝えると届くということがわかってくると、泣きながらでもケンカしながらでも、ちゃんと対話ができる子どもになっていきます。

　その経験をいっぱいしてきた子どもは、そのあとすっと伸びて、思いやりや優しさが芽生えてきます。

　ついこのあいだまで自分が暴れていたような光景に遭遇すると、「どうしたの？」と自分から声をかけています。

　おとなに言葉をかけられるよりも、友だち同士に言われたほうが子どもの心に深く届くようです。

＜仲間に刺激をもらいながら育ち合う＞

　刺激をもらったら、自分もすぐやってみたい、言ってみたい。そうやって、友だちを反面教師にしたり、鏡にします。

　そしてぶつかり合いながら、刺激し合いながら育ち合うというのが、はじける３歳児の特徴です。そこを十分

に発散させてあげると我に返るのです。

「この子にそばに来られるだけでいやだ、だって意地悪なんだもん。きついし、怖い」
と思っていても、その子からキラッとする刺激を受け、そのすごさを知ったときに、見る目が変わります。そばに行って同じことを一緒にやりたがるのです。

　人に言われてするのではなく、激しい葛藤を経て自分で決めたとき、心のスイッチが入ります。

## エピソード■フライパン

　3歳児で入園してきたゆうじくん。それまで飲食店で子育てされてきた子どもだった。

　だんだん動きも活発になってきて、3歳児になって保育園に入ってきたのだ。

　突然、1人の世界から保育園に入ったゆうじくんは、こんなにたくさんの友だちがいる、こんなに広い園舎がある、ということにびっくりした。

　目を離したすきに窓から飛び出そうとする。"どこでもドア"のごとく、あらゆる出口から外に飛び出す。

　担任もずっと振り回された。

　当然、担任だけでは見きれない。
『見えない手つなぎの真ん中に子どもを置く』という理念を掲げていたM保育園。他職種も含めたすべての職員でゆうじくんに関わった。

　他の年齢の担任でも「危ない！」と思った瞬間を逃さず、担任と同じ思いで関わっていこう、と心をひとつに。もちろん園長・主任も、他職種の人たちの力も借りて。

　理念の実践化そのものだった。

　ゆうじくんにとって、保育園すべての環境がまるで別世界。ゆうじくんが「行きたい！」というところに、おとなが付いていくことにした。

窓からジャンプして飛び降りたり、「裏庭に行きたい」と言うと、「今行く時間じゃない！」と禁止せずに願いをかなえていく。
「畑」と言って、芽が出始めているのもかまわず踏みつけて行きそうになる。
「あ、それはごめんなさい！」
「ほら見てごらん！」としゃがんで「これはね」と説明しても、それほど関心を示さず、「へえー」と言うくらい。そしてまたヒュッと行ってしまう。
「ゆうじくんのスピードより先に行かないと大変！」
　園中に激震走った。

　ゆうじくんは、散々保育園中を飛び回り、だんだんに「もうわかりました、ここは」という感じで少し落ち着いてきて、こんどは3歳児の部屋で遊ぶようになった。
　3歳児が分散して遊んでいると、ゆうじくんが行くところ行くところで嵐が起きる。テーブルでパズルやっているとバーンと邪魔をし、ブロックで遊んでいるとガンと取ってしまうし、とにかく荒しまくった。
　そうすると、みんな「来ないで！」「あんたなんかきらい！」とぶつかり合い、そのたびにおとなが飛んでいく。
　そういうことを十分に経験したある日、ままごとコーナーで、思いっきりスイッチが入った。
　生まれ落ちたときから保育園に入るまで、シェフであるパパの姿を見て育ってきたゆうじくん。
　フライパンのさばきがすごかった。

　まだ荒れていたときには、フライパンをフライパンらしく使うというよりも、持ったらスコーンとたたく。彼が手に持った物は凶器になるということが続いていた。子ども用の小さいフライパンで、お友だちをスコーンとやって泣かしたこともあった。
　そのうちに、そういえば「このフライパン、見たこと

がある！」「このフライパンでパパはいつもパスタを作っている」と、見事にスライドされていって、山ほどあるチェーンリングを1個も落とさず、フライパンを上手に扱った。

　他の子は、フライパンからチェーンリングが飛び出す、飛んだら拾いにいって、を繰り返す。

　ゆうじくんも最初は、他の子と同じくらいの数で、ふつうにやっていた。そのうちに、そのチェーンリングをフライ返しのようにサッサッサ、ヒューンと落とさずやる。

　それを見てみんな真似っこするが、全然できない。そこからみんなのゆうじくんを見る目が変わった。

　来る日も来る日もそれは続いて、子どもたちもずっと惹きつけられて見ていた。

　そのうちに、そばに寄っていってもフライパンでたたかれないことを学習した子どもたち。

たたかれないどころか、「どれ、貸してごらん」と教えてくれるようになった。

「こうやって、こうやって、こうやるの」と教えるがうまくいかない。「だから、こうやって」と、来る子来る子に根気強く何回も教える。

　時がたち、ゆうじくんのチェーンは山ほどになっていき、シェフの世界、パパママの働く姿を再現し始めた。

　3歳児の部屋を廻っていくと、
「園長先生、何にしますか？」とメニューを持ってくる。
　園ではままごと用に、さまざまなメニューを作って遊べるようにしていた。
「何にしますか？」と聞くのだが、必ずパスタになる。
「おすし食べたい」と言っても、
「あ、パスタですか」となる。
「はい、お願いします」と、いつもパスタを食べさせられていた。

お皿にチェーンを見事に盛り付け、鍋からお皿にあけるときもサッとやる。
　スプーン、フォークもままごと用に用意してある。
　わざと仕掛けたことがあり、
「いただきま〜す」と食べる真似をした。
「あ、ちょっとお待ちください！」と言われて、
「はい？」と言うと、
「スプーンとフォークです」と持ってきた。
「これで食べるんです」と言われて、
「ハイ、わかりました」とフォークだけで食べると、
「違います、パスタはこうやって食べるの」
とスプーンとフォークでクルクルクルとやって、食べ方を教えてくれた。
　３年間ずっとパパ、ママを眺めてきたゆうじくんだから、「本物の調理現場に立たせたら、同じようにできるんじゃないの？」と思うくらいの見事さだった。
　本物から学ぶということは、子どもたちには刺激的だった。
　ゆうじくんの乳児期の生活環境は、けっしていいとは言えないかもしれないが、いつもパパ、ママが目の前にいる安心の生活は、豊かさをもった体験だったのだと思う。
　きっとゆうじくんはこの先何があっても、パスタで生きていける、そう思った。

＜学習していくプロセスこそ教育＞

## 実践◆絵具遊びから洗濯へ…………

「先生、絵具使いたい！」と言ってくる。
「わかった、どこで描く？」
「テーブルで」「床で」「外で」と言う子どもの願いに、条件が合えばすぐにおとなは応えていく。
　絵具で表現活動ができるように、保育室の空いているスペースにビニールシートを敷き、その上に大きな模造

紙を広げて、絵具と筆など用意してあげる。そのときに、「絵具はそうやって使わないのよ」「筆はそういう持ち方したらおかしいよ」「それは違うよ」などとは一言も言わない。
　そうすると３歳児は、グルグルグル、グ〜ンとやったり、腕も頭も身体も全部使いながら、表現の世界に飛び込んでいける。
　水の絞り方や落とし方、筆につけて描くことを、仲間がやっている姿を見て学んで、それを再現していく。
　するとほかの遊びをしている子どもたちも、〝絵具、なんか面白そう〟と自分の遊びをやめて、２人、３人と引っ越してくる。大きな模造紙を囲んで、白いところがあればそこが自分の書きたいスペースになっていく。「グルグル、これは電車、これはバス」と言いながら、白の模造紙をどんどん絵具の色で埋めていく。

　おとなはそれを絵具の表現活動と言っているが、子どもにとってはこれも１つの遊び。
　遊びのなかで子どもは、これはクレヨンではなく、絵具というもの。クレヨンは水を使わないけど絵の具は水を使う、水に溶かさないと筆に絵具はつかないなどを学習していく。そのプロセスこそ「教育」ではないかと思っている。

### ＜出たり入ったりが自然に＞
　３歳児は「入れて」「だめよ」とぶつかり合いながら、「しょうがない、いいよ」と、ちょっとスペースを空けてあげたり、強引に割り込んでいって一緒に描いたりする。
　それがずっと集中して続くわけではなく、今が面白い、面白かった〜と満足すると、それぞれその場から離れていくのも３歳児。
　遠くで空いている道具を気にしながら、〝やりたいなあ〟とタイミングをはかっている子は、「あ、○○ちゃ

んやめた、じゃぼく行く」「わたし行く」とその集団につながっていき、最初に始めた子はもう満足して「いいよ〜」と空けてあげたり、「もうやめた！」と離れていき、また別の子が１人２人３人と入っていく。

　だからといって、おとなが全部子どもに任せっぱなしではなく、「先生」と言ったときに「どうしたの？　何に困ってる？」というように、いつもそばにいて関わっていく。

### ＜自分で決めたい遊びの収束＞

　そろそろお昼の時間になるから、遊びを収束していかなくちゃというときに、「おとなの都合」という切り札がある。

　あとから入ってきた何人かの子どもが、まだ集中して描いているとき、そろそろ食事の時間だけど、どう声をかけようかなというとき、３歳児には「そろそろ食事の時間ですけど、どうしますか？」と言う前に、

「これはどこまでやる？」
「いつになったら終わりになる？」という言葉を添える。
「もうちょっとやったら終わりにする」
「終わる頃にまた来るね」と言いながら、おとなが周りを整理していく。

　先生に「もうおしまい！」と言われてやめることほどいやなものはなく、３歳児は自己主張も強いが感受性も強い。

　１歳児の「自分で！」とは違い、自分の思いがある。ここまでやったら終わりにする、とか、それでもまだやる、次はこうするぞと自分で決めたい。

　そこをおとなが見極めて、そろそろ相談をかけていかないと大変だわ、と思ったりもする。

### ＜おとな同士のコミュニケーションなくしては＞

　だからこそ、それぞれのスタートのかけ方、終わり方の全体をとらえて見ていくことが大切になってくる。

この絵具の世界はわたしがちゃんとついているからだいじょうぶ、そのほかの世界は、もう1人のおとなが采配して見ていくというように、おとな同士のコミュニケーションでコントロールできると、子どもたちの遊びに安心して寄り添うことができる。
　子どもが「飽きた、やめる」と言ったときに、
「あらそうなの？　じゃこの使った道具はどうしますか？」
「あ、いけない」と気づいて片付けるか、「もう使わないから、これ使っていいよ」と自分でお友だちに言うこともあったり、「先生、お願い、○○ちゃん使いたいと言っていたから貸していいよ」と言うこともある。
「あ、わかりました、○○ちゃんに渡します」というように仲立ちもしていく。
　子どもに託されたその一言を聞き逃したために、○○ちゃんにつながらなかったり、あとでグシャグシャになる原因になったりするので、おとな同士のコミュニケーションが不可欠になってくる。

＜3歳児と4、5歳児の違い＞
　それが4、5歳児になると子ども同士で相談をかけて、
「俺が使うからそのままでいいよ」だったり、
「違うものを使うから自分で片付けていってよ」と言えるようになる。
　しかし3歳児は、おとながつなぐ役をやってあげないと、なかなか次に切り替えていくのが難しい。

　室内で十分に描くということに満足したあと、
「先生、今日は絵具を園庭でやりたい」
「テラスでやりたい」
と言ってきたときも、子どもの願いに応えていく。
　おとなが外にブルーシートを準備すると、外に出た解放感でもっとダイナミックになっていく。

紙の上に乗って画家のように描く。夢中になって遊んでいくうちに、いろいろな子が出たり入ったりしていく。

　4、5歳児だと何人かで分散して描き、出来上がった作品を自分たちのグループではどうするか？　と仕掛けて選んでいく。
　しかし、3歳児は表現と言ってもすべてが遊びなので、裸足で模造紙の上を歩いたり、手や足や顔にまで絵具をつけて夢中になる。
「あ～面白かった！」とつぶやく次の言葉は、
「洋服にもついたからこんどは洗濯したい」と言い出す。
　おとなが仕掛けるのではなく、子どものほうから洗濯ごっこをしたいと言ってくる。
　子どものつぶやきをつなぐ役をしてくれるおとなだといいが、
「ごめん、時間ないから、今洗濯している場合じゃないから、こんどね」

と言ってしまうと、3歳児にとっては地雷を踏むようなもので、子どもはイラッとする。

### ＜子どものつぶやきを見逃さない＞
　絵具を使って思いっきり遊んだあと、自分たちの着ていたズボンとTシャツを寄せ集め、1つのたらいに手洗いの固形石鹸を入れて、何人かで洗ったということがあった。
　手を洗うだけではなく、洋服も洗えるということを子どもたちが初めて知った体験だった。
　洗濯は洗濯機が全部やっているので、どうやってやるのか、子どもには見えない世界。
「泡が出て面白いね～」と、シャボン玉遊びになったり、泡遊びになったりした。
　そのときも「ちゃんと洗うの！」と教えることはしない。
　おとなは次はきっと「これを干したい」と言ってくる

なと想定していると、案の定「先生洗った、絞って」と言ってくる。

そのときも、おとながやってあげるのではなく、
「絞るときはね、こうやるといいんだよ」
とやって見せてあげる。

絞る行為は〝ねじる〟という運動になる。

子どもたちにとって体験のない言葉を言われても、〝ねじるとは何ぞや?〟になってしまい「わかんない、できない」と、はじけるのも３歳児。

そのとき「自分でやるの！」と突き放すのではなくて、「どうしたいの？」と聞いて、「できないから手伝って！」と言ってきたときに初めて手伝ってあげる。

子どものやっている姿を一人ひとりていねいに見ていくと、手の力の入れ方の違いや、育ちの違いが良くわかる。

おとなは前もって園庭の隅に洗濯バサミとひもを用意し、干せるような環境を準備しておく。

「終わった！」と言った子どもから全部自分たちで干していく。

これも指先の運動になる。押さえてすっと干せる子どももいるが、タイミングがつかめず、挟みそこねてずり落ちたりすると、そのたびに「できない！　何回やってもできない、もういやだ！」ともがくのも３歳児。

そのときにも、「こうやってね、ほら、できたでしょう？」とおとなが見せていくことで、「自分でやる！」と言って出来たときに、達成感が育まれる。

＜遊びは仕事　仕事は遊び＞

みんなが洗濯を終わって干したあとは、ちょうど食事の時間。
「お食事だからお部屋に帰る！」と、たらいやブルーシートのことなんか、わたしたちの知ったことじゃない、とばかりにビューンと行くのが３歳児。

3歳児は、そこまで気配りできる年齢ではない。
　自分中心のその姿にたいして「まったく！」と言うのか言わないのかで、その先が大きく違ってくる。「洗濯干せてよかったねー、だけどこの水どうする？」「あ、そうだった」と言って、砂場の道具を持ってきてすくってみたり、水道のところに戻しにいったりする。それも遊び。遊びも仕事になっていく。
　使った道具は元に戻す、ということを体験しながら学習していく。
　そのようにていねいに育てられていくことで、4、5歳児になると、自分たちの使った道具はちゃんと水ですすいで干してから、「さあごはん！」という行動に移せるようになっていく。

### ＜『洗濯かあちゃん』になった子どもたち＞

　子どもたちが寝ている間に、洗濯物はすっかり乾いた！
『洗濯かあちゃんの絵本』（福音館）のように遊びが変化していく。
　お昼寝から起きた子どもたちは、おとなに言われる前に「洗濯物乾いたかなー」と誰かのつぶやきを耳にして、〝そうだった〟と気づき、みんな園庭に飛び出していく。
　洗濯物を触ってみて、全部乾いていていることを確かめると、こんどは自分たちではずしていく。
　はずした物はグシャグシャにせずに、自分たちでていねいにたたむこともできる。
　ふだんは「はい、たたんだつもり」と自分のカバンにポンと入れていた子どもたちが、一生懸命自分で洗って干した物は大切にたたもう、扱おうとする心持ちが伝わってくる。
　たためるけど完璧ではなく、気持ちと手がうまく重ならないときは、そばにいるおとなのようすで試したりする。試しながら脳細胞を活発に増やしていく3歳児。

＜洗濯物をたたむ子どもたちの心持ち＞

　洗濯物をたたむときの子どもたちの心持ちをあらわすエピソードを拾ってみた。

* 「もったいないから、今日は着ないで、たたんだそのまんまお家に持って帰って、パパママたちに見せるんだー」と言って、ていねいにたたみ、自分のロッカーの棚にしまう子。
* 「替えの新しい服を着ると、ママが（お洗濯）大変だから、また自分の洋服とズボンとTシャツを着る」という子。

　両方とも心の育ちが見て取れる。
　洗濯の大変さを、実際には自分は関わってはいないし、見てもいないけど、ママは山ほど洗濯したり、干したり、たたんだり、ということを日常の暮らしのなかで目の当たりにしていることがうかがえる。

　子どもたちは、実は自分たちの生活の一部の再現遊びをしているということにもなる。
　子どもたちの遊びは＝仕事、仕事＝遊び、切っても切れない体験だと思う。
　こうして一連の流れを獲得して達成感を味わっていく。

# V　遊びが見つけられない子どもの心理の読み解き方、仕掛け方

## ＜ふらふらしているように見える子どもの見方＞

　ある保育園の研修で、お邪魔するたびに毎回「そんなに僕の保育園が好きなの？」と言ってくる子どもがいます。

　そのように、他者にすぐ気持ちが向いていく子どもは、反面遊びが見つからない状態ということでもあります。

　あちこちに声をかけたり、ふらふらしている子どものようすを見て、自分がどこで誰と何を使って遊ぶか考えながら移動している、と見てあげられますか、という問題提起でもあるわけです。

## エピソード■ひとり遊びを十分に体験できなかった子 ………

　興味をひかれた先で遊びを見つけても、そこでじっくり遊ぶというわけでもなく、「こんなの作ったの。見て見て」とわたしのところにくる。

　「これは何ですか」と聞くと「これは○○で○○で○○です」と説明はするが、それから先に遊びが進むかというと、進まない。

　そして「どうぞ」とも言わずに砂場のセットをわたしのところにポンと置いて、そのままどこかに行ってしまう。

　その子を追視していくと、面白そうに遊んでいる世界に近づいたり離れたりしているが「入れて」とは言えない。そこでうろうろしている。

そのようすを見て、その子にちょっと仕掛けてあげないと、ずっとうろうろで終わってしまうな、と見極めたときに「○○くん」と誘ってみる。
「この遊び面白いよ、どうかしら？　一緒にやってみる？」
「やらない！」と言ったので
「いまはやりたくないのね」と言うと、それをきっかけのように砂場のほうに移動して、自分の居場所を見つけてじっくり遊ぶ。

＜大切な忘れ物＞
　その子の一連の動きを気にかけながらずっと追視して感じたことは、3歳児でも、友だちと関わって遊ぶというよりは、まだまだひとり遊びが面白い。十分にひとり遊びを経験してこなかったと想像できます。
　3歳児だからみんなはじけるかというとそうではなく、〝一人ひとりみんな違う〟ということがここにもあらわれていることを実感しました。
　1歳児のときの「ひとり遊びを十分に」ということを体験して積み上げてこなかった子どもは、そこに忘れ物をしたまま3歳児になってしまいます。
　そのために、3歳児になった今、探索しながら何を使って遊ぼうか、どこで遊ぼうか、誰と遊ぼうかと考えているんだなあと、わたしたちおとながプロとして、個の違いと合わせて見極めて追跡してあげられるかが問われています。

＜遊び方を教えるのではなく、気づかせていく＞
　過去に経験が不十分だったために、言葉ではなく、同じ遊びでもちょっと違った遊びを見せて気づかせていきます。同じような遊びに見えるけど何かが違う、何が違うの？
「先生それどうやってするの？　教えて」となったら、「それじゃ一緒にやろう！」というような仕掛けです。

そのとき、
「こうやって遊ぶと、もっと面白いよ」とか、
「ほら、〇〇ちゃんのようにやってごらん」とは言いません。
　遊び方の方法を教えることとはまったく違う仕掛けなのです。
　それには、その子の興味関心が今どこにあるのか、何にたいして興味を引かれるのかを観察しながら見極め、ちょっと先に興味を引かれるようなことを試して見せていきます。
　自分のやったことを、自分で面白がっただけでは足りずに、やっていることを誰かに見せたい、知って欲しいと、仕掛けてくれたおとなに「先生、見て見て」と見せて「あら、すごいわね」と言われることで自己肯定感が育まれるのです。
　おとなや友だちに認めてもらったときに初めて共感共有ができ、達成感が育まれていきます。

　その連続のなかにいるのが３歳児です。
　このように、ひと口に３歳児といっても、これほど一人ひとりの育ちは違い、「集団遊び」とひとくくりにしては、子どもの心を読み取ることは難しいと思うのです。

# Ⅵ 個と集団
～一人ひとり違う子どもたちが
遊びを通して自然に集団となる～

### <一人ひとりみんな違うということからスタートする>

　一人ひとりはみんな違います。ゆっくりの子どももいるし、育ちの早い子もいます。本当に違う一人ひとりが育ってきてグループとなり、それが集団となっていきます。

　その一人ひとりの育ちが豊かになることが、集団の豊かさになっていくのであり、集団が先にあって個の育ちを引き上げることではないと思っています。

　違うということからすべてが始まっているということを、本物を通してつかんだときに、保育は変わる。そのくらい大事な視点だと思っています。

### <指示命令で育ってくると個が育たない>

　乳児期によく目にする光景で、「お食事だから集まって」と一斉に座らされ、食べ物はテーブルに並べられているにもかかわらず、「どうぞ召し上がれ」はしないで、「いまから絵本を読みま〜す」。
〝意味がわかりません、わたしは早く食べたいと言っている、気づいて欲しい！〟というのが子どもたちの言い分です。

　テーブルに登ろうとして止められ、何回もそれをやると椅子をテーブルから離され、ギャッと泣き、「○○ちゃん、聞こえません、泣いていたら」という風景も目にします。

　集団保育とか、一斉に何かをするのが保育という捉え方をしている人は、食事を目の前にしている子どもに、

『いないいないばー』(童心社)と絵本を読んでも、子どもたちの心は食事のほうに向いている、ということに気づきません。

そういう保育を、0、1、2歳児のときにされてきて3歳児になった子どもたちは、タガが外れたようにどこかにヒューンと飛んでいく姿になりがちです。

それは、次のステージに進むために通るべき発達のみちすじ『はじける3歳児』以前の問題です。0、1、2歳児のとき指示命令で育ってきたのではないかと思われます。

そのことは、3歳児の担任だけの責任ではなく、0、1、2歳児のときに関わったすべてのおとなの責任なのです。

おとながちゃんと子どもの発達を押さえておくこと、0、1、2歳児の世界は、とくに個の育ちを十分に受け止め、援助しながら大切にされて保障されてこないと、育っていかないのです。

### ＜ひとり遊びの不足はイメージの乏しさに＞

そのように乳幼児期に十分にひとり遊びを体験してこないと、イメージがわかず、遊びの面白さを共有できないので、なかなか集団になりにくい面があります。「ごちそうを作ったからどうぞ！」と3歳児に言われたその世界を見ていくと、1、2歳児の遊びです。

でもそれを否定しないで、この子の発達は今ここなのだ、ということをおとなが見極められるかどうか、遊びの底上げのためにサイドで仕掛けていくことによって、少しずつ成長していくわけです。

それが達成していくたびに、1人で遊ぶよりは2人で遊ぶほうが面白い、3人で遊んだほうが面白いということを感じていきます。

### ＜遊びのイメージをつかみやすくする＞

3歳児には、大好きなお友だちと一緒に、少人数で簡単なルールのある遊びをしているときが、よっぽど楽し

い。そのほうがわかりやすい。

　やっていることが何なのか、何が面白いのかが、やっているうちにが子ども自身が見えるようになってくるのです。
〝おにごっこ〟のときも、集団で鬼を決めて、誰かが鬼になるとします。

　4、5歳児にはその意味が分かり、すぐ遊べても、まだ3歳児は、何となくぼんやりとはわかる。逃げるのはいいし、つかまらないように全力疾走もする。

　でも、「なんで〝ぼく・わたし〟が鬼にならなくちゃいけないの？」ということになると話しは変わってくる。タッチすると「タッチされていない！」と主張し、そこでまたトラブルになる。
「意味分かんない、このルール」と不満なわけです。

　そこで、同じ〝おにごっこ〟でも、3歳児全員ではなく、「○○ちゃん、〝おにごっこ〟したいんだけど、どうする？」「やる！」と言ったら、「じゃ、お友だち呼んできて」とおとなが仕掛けます。

　5、6人来たときにじゃんけんで決めます。
やりたい子どもも自分の意志で来ています。選ぶときにも交渉して、
「やる？」
「いいよ」と成立して来ている関係があるので、負けても勝っても許せるわけです。

　そうやって少人数で十分に楽しんで遊んでいくうちに、ルールがちゃんと理解できるようになり、
「もっと大勢のほうが面白いよね」
となったときに、その倍の人数でも楽しく遊べるようになります。そのまた倍の人数でも、もっと面白いからみんなでやろう、ということになっていきます。

　でもそれは、4歳の誕生日を迎えた子どもたちからで、自然に集団という形に向かっていきます。

### <決めつけた見方をしない>

「この子ってこうだよね」

「なかなか仲良く遊べないんだよね」と決めつけて見たり、それが〝評価〟と思っているおとなに出会うことがあります。

　一方で、〝子ども一人ひとりみんな違うからしょうがない〟と簡単に言ったりしがちです。

　そのようにひとくくりで言うのではなく、それはどういう違いなのか、今どういう経験が不足しているか、どういう力がまだ育っていないのか、具体的なエピソードを出しながら洗い出していきます。

　遊びの名人のごとく次から次へと遊べる子は、遊びのイメージを共有できないと感じると自分たちが楽しめないので、一緒に遊びたくないと置き去りにしたりすることもあります。

　そういう状態をそのままにせず、そういうときにこそ保育士の出番です。底上げをどうしていくか、その子の育ちをしっかり見て、イメージして理解していく力が求められます。

　その枠に入ってこない子は「ダメな子」と決めつける保育にならないためには、このような関係性をていねいにくぐらせることによって、4、5歳児のステージにつながっていくのです。

# 4歳児

仲間のなかで育ち
おとなは外側に

# I　4歳児とは
## ～まとまりやすく、おだやかな関係～

### ＜いたずらに子どもの世界に入らない＞

4歳児は、"仲間のなかで育ち合う"と言えます。

仲間関係のなかでいくつものことを乗り越えようとしたり、仲間のなかで考えて1つの遊びを進めていこうとしたり、どんどん自分たちで遊びを展開できるようになってきます。とてもまとまりやすい。

そのときおとなは、子どもたちの遊びの外枠にいるという言い方をするのですが、本当に必要なときにしか子どもの世界に入り込まないようにします。

### ＜4歳児の仲間関係＞

4歳児は、困ったときでもまずは仲間同士で相談していきます。

たとえば、ルールのある遊びを自分たちで決めて仲良く遊んでいたのに、たった1人がルール違反をしてしまったばかりに、遊びが途絶えてしまった。

そのときに、いとも簡単に、「や～めた」と抜けていく子がいるとします。

自分たちでこの遊びを楽しもうと決めて、ルールも確認してスタートしたのに、たった1人の気持ちがそうなることでゲームが止まってしまう。

時と場合によっては、4歳児でもそこですぐ、
「じゃ、や～めた！」
となることもありますが、3歳児と違うのは、
「なにー！」
「そんな、勝手にやめたらダメじゃん」
というように、子ども同士が言い合うことも多いのです。

4歳児

「なんで？」
「だって飽きたからやめる」
「やめたらどうなるの？」
「知るか！」
と結構ぶつかり合います。

　プライドの高い４歳児は、仲間のなかで相談し合い、交渉して、簡単におとなの手を借りようとはしません。

　このプライドの塊の仲間集団で、すったもんだしながら、「しょうがない、あと１回だけやるよ」と、また遊びが復活することもあれば、それでも頑固に「やらない」と言われて、仲間で楽しんできた遊びがそこで悲しい世界に置かれてしまう、ということもあります。

　でも、そう簡単に気持ちが切り替えられないのが４歳児です。やめた子は、自分の願いがかなって満足かもしれないけれど、仲間たちはその子の言動が許せなくて、食事しながら「○○ちゃんはもう仲間にいれてあげない」とつぶやきながら、もがき葛藤します。

　お昼寝から起きたら頭がスッキリして許せるかというとそうでもなく、一日中仲間意識にこだわっていきます。

　仲間と楽しいこともありますが、それだけではなく、葛藤するさまざまな要素も、仲間から刺激としてもらったり、投げ返したり、跳ね返されたりしながら、共に育ち合う、そこが４歳児ではとても強くなっていきます。

　これらも含めて仲間のなかで育ち合う４歳児なのです。

# II　性の違いに出会う
## 〜遊びが男女でくっきり分かれ始める〜

### <性差の誕生>

「わたしたち女の子だから、男の子は、入れないよね」
というような遊びは２歳児くらいから芽生えてきます。

　４歳児になると、女の子同士でスカートやドレスを身に着けて遊ぶことが多くなります。そこに男の子が「入れて」と言ってくると、
「女の子同士で遊んでいるのにさ、男の子なんてダメだよね〜」と言って意地悪します。
「何でなの？　僕だってスカートはきたいよ」
「変なの〜」
と言って、言葉の意味までも使い分けられるようになってきます。

　同時に、これで泣くのか泣かないのか、怒るのか怒らないのか、あきらめるのか、と相手の心持ちを試し、駆け引きする心理も働きます。

　そういうなかで、あらためて「男の子と女の子の違いってなんなのさ」と考えて、そのうちに「おちんちんがある」「ないも〜ん」と性に目覚めていきます。

　世のなかには男女という性差があるということがわかってきます。

　それも社会性の一つです。

### <くっきり分かれ始めるイメージの世界>

　４歳児になると、ゲームなどをするときは男女問わず一緒に遊びますが、男の子、女の子のイメージの世界が

くっきりはっきり分かれてきます。

男の子は園庭に出て、「基地を作るぞ！」「飛行機を作って外国に飛んでいくぞ」と、ベンチなどを使ってダイナミックなイメージで世界をどんどん広げていきます。

女の子は、静かに面白く、優しく、時には意地悪に、といったぐあいに〝ごっこ〟の世界を楽しみます。

いちばん身近なママに憧れたりすると、口調も立ち振る舞いも全部似る、いかにもというようなことが４歳児頃になるとクローズアップされてきます。

＜リアルさが増すごっこ遊び＞

ごっこ遊びは４、５歳児になるとどんどん本物に近くなります。自分の生活体験にあることを、１つの物語を通してイメージして再現していきます。

美容院ごっこだったり、病院ごっこだったり、お出かけごっこだったり、サラリーマンごっこ、ＯＬごっこなどもやります。サラリーマンだと背広にネクタイ、病院だとドクターの白衣が必要です。

そこでお父様たちのＹシャツをいただき、用務さんに仕立て直してもらい、本物に近い形にして用意してあげます。

### エピソード■美容院ごっこ ……………

「美容院ごっこしよう！　わたしは美容師さんになるからあなたはお客さんになって」
とごっこ遊びが始まる。

わたしも髪が長いのでよく誘われる。
「先生シャンプーしましょう」
「わたし家でしてきたから結構です」
「いまはうそっこだから。シャンプー台にどうぞ」
　コーナーに置いてある洗面器のほうに案内される。
「座ってください」と言われて、ふざけてシャンプー台に向かって座ると、

「そうじゃなくて、向きが違います」
「あ、すみません、どっちを向けばいいですか」
「美容院に行ったことはありませんか？　そのときどうやるんですか？」
「はい、わかりました」
このように、どんどんごっこの世界に入っていく。
「首が痛いんですけど」
「我慢してください」
「こんな美容院は初めてです」
「もうちょっと我慢してください、もうすぐ終わります」
　こうして面白がりながら、4歳児は自分がイメージしたものを具体的に展開できる。想像力もどんどん豊かになってくる。

　ごっこ遊びの世界が盛り上がり、深まっていくなかで、経験によってイメージの幅が違ったりすると、子ども同士の相談でもすっと意味が伝わらないこともあります。

「そうじゃなくてー、だから言ったのにー、もういい！」
というようなトラブルになったり、置いてきぼりにされたりすることも発生します。

### ＜水面下で起きる微妙な感情＞
　4、5歳児くらいになると、5、6人のグループだともっと面白く遊べることに気づいていきます。
　子どもながらに、その5、6人の力関係を知っているので、「いいよ、すぐ助けるよ」と言う子もいれば、「自分でやって」と言う子もいます。
「あなたは仲間に入れたくない」と仲間はずれにすることもありますが、それも成長のプロセスなのです。

　4歳児は派手には感情を出しませんが、意外と水面下やおとなの知らない世界で、子ども同士のいじめや、いたずらなどの芽が出てくる時期です。

### エピソード■タオル落とし事件 ……….

トイレは子どもたちの内緒話をするところ、本音が出るスペース。

誰かのお手ふきタオルを、トイレに捨てた出来事があった。

それを見つけて担任は、名前は出さずに、大変なことが起きたということにして、子どもたちに提案した。「誰がやったんですか？」という犯人探しではなく、「どうしたらいいんでしょう？」という言い方で、グループで話し合いをしてもらい、代表に話してもらうという方法を提案した。
「それは絶対やったらいけないことだと思う」
「わたしのタオルだったら悲しい」
「なんでそんな大事なタオルをトイレに捨てるの？ それはおかしい」
と、いろいろな意見が出された。

それぞれに自分で考えて伝える力がついてきている年齢でもある。

3歳児の相談の仕方は、おとなが主体になって問題を投げて答えを引き出す、というやり方だが、4歳児になると自分たちの力でなんとかしなくちゃ、と考えるようになる。

最終的には、「『わたしがやりました』と思える人はこっそりと教えてください」と話すと、「やりました」と言ってきた子がいたということだった。

その子と担任のやりとりから、この出来事の原因をたどってみると、

いつも『入れて』と言っても仲間外れにされる。それが1回や2回ではなく、いつも同じ顔触れで、それも『ダメよ』と言わずにこっそりと仲間外れにする。というようなことがあって、「意地悪してやる！」と考えた結果が今回の出来事だった。

このように4歳児は、派手にはしないのですが静かに悪さする、みたいな知恵もついてきます。とくに女の子と男の子の遊びが分かれ始める時期と重なるようです。

### ＜おだやかでまとまりやすい年齢＞

そうはいっても4歳児はとてもまとまりやすい。

さんざん3歳児ではじけてきているので、その分、すくっと育つ芽があって、2歳児と同じように4歳児も扱いやすい年齢です。

自分たちで考えて決めることもできるようになります。それもグループ単位で決めていくので、グループの仲間意識も強くなってきます。

3歳児は目立ち過ぎますが、4歳児になると落ち着いてきて、とても平和な時期といえます。成長のようすも、みんなが一緒に底上げされていきます。

### ＜子ども同士で解決する力が育つ＞

3歳児でも簡単なルールのある遊び、たとえばしっぽとりゲームとか、椅子取りゲームなどができますが、4歳児は少し高度なルールのある遊びが面白いと思えるようになります。

たとえば、〝だるまさんころんだ〟〝はないちもんめ〟〝氷おに〟などや、仲間同士で戦う遊び、勝負がはっきりする遊び。負けてくやしい、次は作戦会議をして絶対勝ってやろう、勝つためにはどこから攻めていくかとか、あの子がうちのグループだと負ける、などのシビアさも出てきます。

「そんなこと言ったって、じゃ仲間に入れないわけ？」

「そういうことじゃない」

「じゃどうすればいいの？」と子ども同士で対話が生まれてきます。

おとなが言うのではなく、全部仲間で解決しようとするようになります。

たとえばドッチボールなどで、
「おれがお前を守るから、ボールがきたら絶対ボールを受けようとしないで！　おれの陰に隠れればいいんだから、おれが絶対守ってやる！」
と言っていた自分が、先にぶつけられ、外に出るというようなこともあります。

葛藤したりケンカしたりすることもありますが、それは自分たちが決めた結果だから、まるごと受け止めることができるし、理解もできます。次に失敗をどう生かしてつなぐかも考えていけます。

そのやりとりを、おとなはずっと耳を澄ませて聞きます。
「この子、いつのまにかここまで成長してきているなあ、今この仲間関係がうまくいっているな」
などと気づかされたりします。

保育士は一人ひとりの育ちの違いを見極めて、自分のなかに収めながら対応していくことができます。

＜「偉かったね」の代わりに「ありがとう」＞

　言葉の引き出しの中身で、その子の家族がわかると言われるように、言葉も大事な時期です。

　言葉をていねいに受け取っている子どもは、ていねいな子ども同士のやりとりが自然にできるようになります。

　また、言葉に含まれている中身を整理してあげることもあります。

　たとえば、自分のやった行為をほめられたいと願っている子どもの場合、その子どもにたいして、
「偉かったね」とは言わずに、
「ありがとう、助かったわ」と置きかえて言います。
「こういうときは〝偉い〟と言わずに〝助かった〟と言うんだ。〝ありがとう〟と言うんだ」

と、子どもは言葉の違いに気づきます。
「じょうず」という場合も「じょうずだったね」と言わずに、何がどのようによかったのかを伝えるようにします。
「じょうず」といつも誉めたたえられている子は、「じょうず」以外の言葉が入ったときに、屈折します。
　1番というのもそうです。1番がいいのではなくて一生懸命することが大事だと言います。
「なんで？　リレーだって1番が1等賞って言うもん」と言うときは、「あ、そういう見方もありますね」と、一度はそれを受け止めて、「1番というよりは一生懸命やった結果がそうだったんですね」と言います。
「だから1番でしょう？」と問い返されますが、わたしは答えません。
　そういう子どもは、失敗や間違いを恐れます。そうすると人の顔色をうかがうようになったり、答えを求める子になっていきます。

　結果だけで評価をされることに慣れた子は、他人に評価されないと逆に不安になります。おとなになっても引きずっていったりします。
　そこで、具体的な評価内容を、
「何がどのようによかったですか？　何をどのようにしたかったですか？」と問いかけます。
　すると、子どもは「ここはこうしたのがよかったと思うんだ」と自分が頑張ったところ、工夫したところ、力を入れたところ、ほめてもらいたいところなどを振り返り、自己評価をするきっかけになります。
　それにたいして、
「そのように感じたんですね、それはわたしも同じです」と受け止めます。
　こうしたやりとりをすることで、評価の中身は具体的になり、その子は自己評価と他者評価をすり合わせて自分のなかにくぐらせていけます。
　そうして子どもは自己肯定感を持つことができます。

＜4歳児への仕掛け＞

　4、5歳児であっても仕掛けはしていきます。

　子どもたちのイメージの世界が、いい感じで広がっていったり深まっていったりしているタイミングで、遊びをもっと面白くさせるために、少し仕掛けてあげます。すると子どもがやがて気づいて取り込んで、遊びが深まったり広がったりします。

　おとなはもっと先に行くと面白いことがある、もっと底上げしていくと面白い世界が広がる、という視点を常に持ち続けます。

　全部子どもに任せっぱなしだと保育士はいらないわけです。この子たちの遊びはここまで到達してきているので、自己超越感の世界をもうそろそろと思ったときに、10を達成感とすると、11、12、13までを見通して仕掛けていきます。

　そこでおとなの観察力が研ぎ澄まされないと、子どもの成長の後追いをするだけになります。

＜4歳児の心の育ち＞

　4歳児は、5歳児の深い仲間関係とは違い、また「先生、助けて」という3歳児とも違い、プライドが前面に出てくる年齢でもあります。

　おとなとの関わりでは、本当は素直に「先生！」と飛び込みたい、素直に「先生、助けて！」と言いたい。

　でもプライドが許さないので、自分たちで考えるという力がどんどん目覚めてきて、よほどのことがないと、「先生、来て！」とは言わなくなってきます。

　仲間のなかでぶつかり合っても、相談する心の育ちがあり、身体のつくりも備わってきているので、先生を巻き込もうとはしません。

　でもそれは、振り向いたらそこに先生が見ていてくれる、という安心感のなかで成立するのです。

　遠くにいても、見てるよ、わかっているよ、というおとなと子どもとのお互いの関係性がふだんの生活のなか

で構築されていると、別にそばにいなくても、いざというときにはそこに先生がいるから「助けて！」と飛んでいけばいい、と子どもは自分の力で視界におとなを入れています。

しかし、どう見ても危なっかしいなというときには、おとなが相談をかけるためのタイミングをはかって、切り口をつくります。

「あれ？　さっきまで離れていたのに、何でここにいるの？」と子どもは思ったりしますが、いざというときには助けてくれる立ち位置に、先生がいることに気づきます。

それが担任だけでは空間が広すぎるので見きれない。活動範囲が広がる子どもたちを見守るために、見えない手つなぎが大事なのです。幼児のポイントはここになります。

&lt;複眼的に子どもを見る&gt;

　一斉に集まれ、と集団で固めて保育するのは、おとなにとっては一番安心で楽です。しかし、しばられる子どもにとっては、不安になります。

　簡単にひとくくりにされて、何も学習もしていないのに、いかにもみんなでできた感、達成感があるかのようにされるのは、とてもつらいことなのです。

　たとえば、みんなでまとめて歌の練習をしたとします。一人ひとり育ちの違いもあって、大きな声で歌う子、声がうまく出せない子、音が取れない子、リズムが合わない子、そもそも歌が好きか嫌いかなど、それぞれが抱える思いも違います。うまくできなかったなあと思う子もいるでしょう。

　そんななか、自分がまだ納得がいっていないこと、実感ができていないことをまとめて「よくできたね」と解ったように言われても、確かなものがない。だから子

どもはかえって不安になるわけです。

　子どもの心の奥深く内面を掘り下げていくと、一人ひとりの心のありようはそれほど複雑で深い、ということに気づけるかどうかということです。
　逆にそれは、複眼的に子どもを見ているか、という問いかけでもあります。
　それはまた、どれだけわたしたちが学び続けなければいけないかということを意味していると思っています。

## くみちゃんのものがたり 箱入り娘の開花

くみちゃんというお嬢様。
その子の声を年長児になって初めてみんなが聞いた。

### ◆男性保育士との出会い

　4歳児のとき男性保育士が担任になった。くみちゃんはその出会いで開花した。男性保育士の存在というのは大きい。救世主だった。
　くみちゃんは箱入りお嬢様だった。
　おじいちゃま、おばあちゃまには初孫。
「おじいちゃま、首が座っているので横抱きにしなくてもだいじょうぶですよ」
「さようでございますね」と言うが相変わらず横抱きのまま。生まれた環境が我が家の大事なお孫さま、お姫様だったから、ずっとそのように育てられてきた。
　自分が声を発しなくても至れり尽くせりで、
「あら、どうしたの？」と世話をやいてもらえる極端なお嬢様。
　0歳児から4歳児でその男性保育士が登場するまで、それまでの担任もこの子の声を聞いたことがなかった。いつも寡黙な子だった。
　くみちゃんは目でも訴える。日本人形みたいな顔をしていて、目の動きで動揺しているのかしていないのかわかる。
　不思議な子だな？　と思っていた。

### ◆読み聞かせの名人

　4歳児になって、くみちゃんは他の先生に話しかけられても貝になる子だが、その男性保育士が、
「くみちゃん、今日園庭で縄跳びしよう！」と言うと、
「うん、行く！」と答えたのだ。
「くみちゃんがしゃべった、行くっていったよ、みんなー」ということがあった。4歳児にして初めて。
　くみちゃんは本が大好きで、2歳児くらいからもう字

を読んでいた。

　年長児になったときには、読み聞かせの名人とわかり、みんなのくみちゃんの見方がガラっと変わった。

　得意分野があるということは、子どもたちは憧れのまなざしになっていくし、見方・受け止め方が変わる。子ども同士の世界では強い刺激をもらうことになる。
「くみちゃんてすごい、話せるんだ、くみちゃんの声ってこんな声なんだ」

### ◆エスコートがなければ

「行くー」「やるー」と自分で決めて外に出ていくが、
「わたしを手つなぎしてエスコートしてくれたら行きますけど、だれも迎えに来てくれないのなら、ここから動きません」というポーズ。

　担任の男性保育士が「くみちゃん行く？」と誘うと「行くー」と来るが、
「先生、わたしをタイヤのそばに置きっぱなしでしょ、手をつないでエスコートしてくれないなら、縄跳び行きません！」というポーズをとる。

　それも保育園中のエピソードになっていた。

　そういうことに何回も遭遇していくうちに、担任の男性保育士が、そのようなときに誘うべきかどうか悩み始めた。周りのおとなたちはなおのことだ。

　どのように仕掛けていけば、彼女のその気やる気のスイッチが入ることにつながるんだろう、と会議で相談をもちかけてトークする。

### ◆白熱した職員会議

　まずは、担任はどうしたいのか、を出してもらった。
「自分でやると決めたのだから、自分で来てほしいと思う。だから特別視しない。あなただけを見てるわけではない、みんなを見ているのだから」という意見。
「〝個の育ち〟に則して集団を見ていく目線があるとすれば、『その子だけ特別扱いで、毎日毎日タイヤのところ

に棒立ちしているのはいかがなものでしょう？』と冷たく見るのではなく、『どうしたい？』と一声かけていったらどうでしょうか」と他の職員が言う。

「その子だけではなくて、子どもが困っているときには、『どうしたの？　だいじょうぶ？』と問いかけ、わたしたちはそこから切り口つくるじゃないですか」とみんなが言う。

担任が初めてハッとしてドキッとしたようすで、「あ、そうか、集団保育だから、年長児だからとそっち先にありきではない、自分で決めたら自分で来て！　ではなく、〝ここに来れた！〟ということが凄いことなんだということを評価しながら、手つなぎしながらでも『じゃ、縄跳び一緒にやろう』と導いていきたい」と気づいた担任だった。

### ◆縄跳びの縄も自分たちで作ろう

やがてくみちゃんは縄跳びのところに行くようになった。

「行く」とはなったが、いきなり「大縄を飛ぶ」ということにはならない。

そこから彼女は、1人縄跳びを始めて、家でも縄跳び買って欲しいと言ったという。

そのエピソードをお母様から聞いた担任は、縄跳びを買うのではなくて、それぞれ自分たちで編んだ縄跳びがあるので、それを貸し出すことにした。

それを家に持ち帰って、パパママおじいちゃまおばあちゃまたちと、お休みのときや時間のあるときに、1人縄跳びの練習をした、という話が報告された。

それがだんだん自信になってきて、タイヤのそばで棒立ちするのが目立つくみちゃんではなく、少しずつ隙間を縫って自分で縄跳びするくみちゃんになっていった。

そしてクラスが上がり5歳児になると、大縄跳びが飛べるようになっていった。

### ◆その子一人ひとりにとって必要なスピード

くみちゃんが声を出すようになってから聞いた周りの女の子たちから、「女の子同士で遊ぼう！」というお誘いがかかるようになってきた。

ゆっくり1つ1つの節目を確かなものに本物をつかむというスピード感が、彼女にとっては必要なスピードだった。

4歳児のときに声をきいた仲間が、くみちゃんの取り合い戦になって、

「今日はわたしと遊ぶと決めたんだから連れていかないで」ということも起きた。

4歳児の仲間の芽が育つというのは、男同士、女同士だけではなく、力関係にもある。

くみちゃんは両方に引っ張られていくが「ノー」と言えない。

「どうしたらいいの？」と泣きもしないし、大声も出さない。だけど周りの子たちが、

「くみちゃんはどうしたいの？」と聞く。

そこにおとなは入らず、見守る。

### ◆子どもたちが相談し決めていく

両方から引っ張られて困った顔で、目がキョロキョロ訴える。こっちになびくとあっちがなげき、あっちになびくとこっちがなげくことになり、困ったなあという空気を吸った子どもたちが、

「本当はくみちゃん、だれと遊びたい？　どっちがいい？」と聞く。

そのときにか細い声で

「○○ちゃんと遊びたい」と言うと、

「ほらね、よかった、じゃ遊ぼう」と連れていく。

おとなたちがこれまで見せてきた肯定的な言葉の引き出しが、子どもたちの引き出しにも増えていく。

## コラム

### さく子のつぶやき

＜自分を知る＞

　自分ほどわからないものはない。

　周りに評価されて初めて、"自分は何者？"というのが見えてくる。

　自分というのは難しい塊。自分は本当はどうしたいの？　自分はどう考える？　自分は何を感じている？　何を聞こうとしている？　見ようとしている？　というような自問自答からすべてが始まっていく。

　自問自答することを面倒くさがる人、自分に気づこうとしない人は、子どもにも同じように向き合うのではないだろうか？

　だから、人に要求する前に自分を律する。

　自分をちゃんと振り返っていますか？　いつでも、どこでも、どんな切り口をつくられても、答えられるようにしていますか？　準備をしていますか？

「何度言っても聞いてくれないんだったら、自分で考えなさい！」と言っているおとなは、いつも自分で考えている人ですか？　子どもはそう言いたいんだろうな。

　わたしはいつも、わたしのこの立ち振る舞いのまるごとを子どもはどう考えるのだろう？　子どもにはどう見えているのだろう？　子どもはどんなふうに感じたのだろう？　と思う。

　わたしはこの場面をこう思うのに、なぜ子どもはそう思うのだろう、どうしてするのかな？　ということに着目して、その遊び、生活場面を見ようとする。

　自分が思っていたようにすり合わさったり、自分が思っていたこととは違う世界になったりする。

　わたしたちの目は確かなようでいてとても不確かだ。わたしたちが子どもに願っていることは、実は子どもが願っていることではないのかもしれない。

　子どもの世界はシビアである。

## コラム

### さく子のつぶやき

### ＜足と手に注目＞

"生きる力を育む"とは？

今、子どもたちの手と足に着目している。

手の動き、手の使い方を見ただけで、個の育ち、発達の違いがわかる。足の置き方、動かし方を見ただけで、子どもの上半身の風景が描ける。

しっかり見ると、足の座りのようすで、背中が曲がっているかどうかもわかる。

おとなはその一人ひとりの育ちを見ないで、背中だけピンとさせようとする。

23人いる2歳児のなかで、3人の子どもだけが両足をきちんと床に着けていた。

おとなは、子どもの足など見ていない。スプーンの持ち方、お箸の持ち方ばかり気にしている。

「おかずだけ食べたら、ごはん食べられないでしょ！」注意するおとなの声が響く。

全体像をとらえて発達を知るということは、2歳児になって身体がぐんと成長する時期にさらに重要になる。

他の子と比べたらひとまわりも身体の大きい男の子がいた。

足を見たら、きちんと座ろうとすると膝がテーブルにぶつかるので、足を斜め横にして変な座り方をしていた。

身体の大きさはもう3歳児に移行してもいいくらいだ。しかし食事のときの姿は、つらそうだなと思って見ていた。

子どもの成長に合わせて、物的環境のバランスをどう整えていくか。テーブルを高くするのか、椅子を低くするのかによっても違う。個の違いに則して配慮していくということはそういうことではないだろうか？

ある保育園では、子どもたちが姿勢よく座れるテーブ

ルの高さと椅子を順次増やしていっている。

　座り方だけではなく、心も身体もちゃんと段階を経て育ってきているのか、ということを見るのがわたしたちプロの役割。
　生きるための力を育んでいく環境がきちんとできているか、一瞬の期間だからと見て見ぬふりをしていくと、後になって直そうとしても遅かりしになってしまう。

　0歳の赤ちゃんも、願わくば、足の着かない宙ぶらりんの椅子で食事をさせるのではなく、せめて座って食べられるようになったら、足がきちんと着くような環境であって欲しい。
　おとなだって腰を痛める。
　自分の足で歩いていく人生、足が軟弱だったらころぶ。

# 5歳児

保育園じゅうの弟と妹から
憧れのまなざしを受けて
お兄さん　お姉さんに　してもらう

# I　育ちの基本
## ～自己コントロール、自己決定が育つ～

### <自分たちで決めて相談できる力>

　3歳児で十分にはじけさせてもらうことで、4、5歳児では育ちがぐんと伸びていきます。

　全身で表現して、「ぼくだけを見て！」という3歳児にたいして、4、5歳児は言葉の引き出しが乳児のときより倍ほどに増えるので、言葉で表現し説明できるようになります。

　4歳児は4歳児なりの、5歳児は5歳児なりのもがき、葛藤はついてまわるのですが、そのときの自己コントロールの仕方、自己決定の仕方が乳児とは格段に違います。

　仲間意識も芽生え、言葉を媒体にして、社会性がどんどん広がっていきます。

　とくに4、5歳児は、自分たちで決めて遊び始めた先に何があっても、自分たちで相談できる力をもっています。

　たくさんのぶつかり合いがあり、ケンカもしますが、間違いや失敗の体験をくぐらせながら、次にそうならないためにはどうしたらいいか、いつも考えながら遊んでいきます。

### <物に触れ合う体験を通して育つ心>

　4、5歳児を保育するおとなとしてどう立ち振る舞うかを考えるとき、乳児期に物との関わりをどのように体験させてきたかを振り返ってみると、今の育ちのありようがわかります。

たとえば、積み木を積み上げていくだけではなく、"積み上げては壊す"体験を繰り返します。

手に持ったものは投げてみたくなる子どもの気持ちを受け止めつつ、投げていいものと投げては困るものを気づかせていきます。ボールは投げていいけど、フライパンや鍋は投げてはいけないというように。

子どもはイラッとしたら、とっさに鍋さえも投げることがあります。

「投げた鍋を拾ってきなさい」と言うのではなく、「鍋が泣いているね」と言うと、これは投げるものじゃないと気づいていきます。

繰り返しやるかもしれませんが、投げていいものといけない物との仕分けを、頭のなかで自然にできるようになっていきます。

＜心の成長が著しい時期＞

物との関わりを十分にしてくると、幼児期になると心の成長が著しくなります。

もちろん、物を道具にして遊ぶことも増えるのですが、とくに4、5歳児になると、物や道具の扱いが巧みになるのと並行して、心の成長も深まり人間模様がどんどん広がっていきます。

楽しく遊ぶためには自分の仕事である課題や、約束や、ルールがあるということも理解しながら、遊びを通して相手と交渉したり、相談したり、協力する力が育ってきて、人としての下地作りの集大成に向かっていきます。

喜怒哀楽の感情を磨き、五感を研ぎ澄ませていくために、一生懸命子どもたちは時間と力を注ぐのです。

おとなに言葉で教えられたことも理解できますが、それよりも良いことも悪いことも丸ごと、大好きな仲間との体験のなかで刺激し合いながら創り上げていくほうが、確かな育ちにつながります。

# Ⅱ 子どもの内面に寄り添う

～人として向き合う～

### <コミュニケーション能力を育てる基礎>

人との関係性、信頼関係を育むためには、一人ひとりの育ちのなかで、心地いい関係をつくっていくことが大事な要素です。

それは、心地いい自分でいられること、自分自身が人との関わり合いで心地いい体験をいっぱいすることであり、それがコミュニケーション能力を育むための土台となるのです。

まだ言葉が話せない赤ちゃんは、泣いて訴えます。

そのときに大変がらず、
「あら、ごめんなさいね、早く気づけなくて」
と言って心持ちをしっかり受け止めてもらえると、赤ちゃんにも心地いい言葉として伝わり、ほっとできます。

ここからすでにコミュニケーションが始まっているのです。

### <おとなの立ち振る舞いを見える化する>

おとなの立ち振る舞いを子どもたちに見せていくことは、0歳児のときから始まっています。

そのことが、どれほど子どもたちの刺激になっているかを考えると、0歳児から年長児まで通してやることだと思うのです。

子どもに内面や感性を研ぎ澄ませて欲しいと願う場合、まずは人として向き合うことから始まっていきます。

おとな自身がすべてのおとなにたいして、そのように

振る舞っているかが問われます。

　子どもはよく見て、聞いています。刺激として求めています。見て聞いて感じたことを自分のものにしようとしているときに、そのことを自覚できないおとなだらけだと、子どもたちは学べません。

**〈鋭くおとなの立ち振る舞いに反応する〉**

### エピソード■子どもが感じる　　おとなの振る舞い……

〝園長先生が来る。何しに来るのかな？　わたしのところに来て欲しいな〟と思っていたら、隣の友だちのところへ行った。

　隣にさりげなくいて、話しているのを聞いていた。「すごいね〜、考えて作っているんだね」と言っている。〝へえ〜、おとなってそういうふうにぼく・わたしの遊びを見ていてくれるんだ、受け止めてくれるんだ〟ということを子どもは敏感に感じていく。

　次に「先生、見て見て、わたしも作ったんだ」と言ってくる。

　その子の遊びを見ていないとすぐにコメントできない。子どものほうから全部説明してくれる。
「最初はこうやって作ったんだけど、ここのところはちょっと難しくて、なかなかできないんだよ。手伝って」と言う。
「手伝って欲しいのね。どうやったらできるかしら？」と言う。

　手伝ってあげるのは簡単だが、そういうときは必ず、「だいじょうぶ、間違ってもいいからやってごらん」
　と言う。
「見ててね」
「見てるよ、できるまで待ってるよ」と言うと、素直にその言葉を受け止めるようになる。

　〝立ち振る舞い〟というと、いかにも仰々しくなったり、

「いちいち立ち振る舞いに気をつけている場合じゃないよ、それは理想でしょ！」
と言われがちですが、理想ではなくて、人として育つときに子どもたちの成長の途上では必要なことであり、人としての土台づくりの幼児期だからこそ、気にかけなくてはならないと思っています。

　だから、しつけやマナー、ルールや約束と、おとなが縛りにかけないで欲しいと願っています。

### ＜子どもの遊びを邪魔しない＞

　子どもたちが分散して、自分たちで遊びを選んでいるときには、どこにいても、遊びに没頭しているとおとなの気配に気づかない。

　園舎内、ホールや保育室などの遊びであっても、夢中になっているときは、子どもはおとなの動きはそれほど気にならない。

　しかし、夢中になれていない子どもは、人の動きや、言葉や声の出し方までも気になる。それに引っ張られてワサワサして落ち着かなくなってしまうこともある。

　おとながそのことに気づかずに、ズカズカと無神経に入ると、子どもを動揺させてしまうことがある。

　おとなが自分の立ち振る舞いに気づいていくことが大きな課題だと思っている。

### ＜人としてのマナーを学ぶ＞

　親御さんが「おはようございます。ほら先生にちゃんとごあいさつして！　するの！」と あいさつを強制している風景をよく目にします。言わされてあいさつすることほどいやなものはないと思いませんか？

　あいさつはやらせて憶えることではありません。あいさつをちゃんとして欲しいなあと思うおとなたちが、子どもたちの前でちゃんと見せていくと、やがておとなをモデルにして自ら「おはようございます」と言えるようになっていきます。

こうして人として対話することは、社会性の芽生えにつながり、やがて豊かな心持ちが育まれていきます。

　あいさつにはたくさんの要素が含まれています。幼児期のときに、「あいさつするって気持ちいいねー」とか、「あいさつが返ってくるとほっとするよね」と思う、無視されるとなんでーと思う、それはおとなでも子どもでも同じです。

　あいさつから対話が始まっていく、ぼく・わたしの願いを聞いてもらいたいと願うわたしから、自分もそういう人になろうとひそかに学んでいきます。

　わたしの主張もするけど、主張しっぱなしではなく、相手の思いや願いもちゃんと聞く、受け止める姿勢をとるということをぶれずに据えられるおとなでありたいものです。

　いつでも子ども目線と言っているわたしですが、あいさつの間合いはとても大事で、近すぎると子どもを見下ろす、子どもは見上げてあいさつすることになる。

　見下ろされると圧迫感を抱き、不安がる目線になります。子どもたちが立ち止まった所、子どもの身長などに合わせて下がって、ちょうどいい目線にしてきました。

　子ども目線とか子どもの傍らに寄り添う立ち位置について、実はここから学び始めたといっても過言ではありません。

　間合いはとても大事だと思っています。今は幼児とおとなの関係でも表現していますが、適度な間合いをとることは、人のありようで最も基本の立ち振る舞いだと教えてくれたのも子どもたちです。

　そこに出会う子どもたちが、人が生きていくためにはさまざまなマナーや、約束事、ルールがあるということを、言葉で言わなくても、その場の空気を吸って、感じて、立ち振る舞いから刺激をもらって、見て学んで、やりたくなって、やってみることで心地いい感をたくさん蓄えていくことになります。

自分が心地いいなあと思うことは人にも教えてあげたいし、他の人にも同じようにやってみたくなる。やってあげたくなる。

　豊かな心を育むとは、教材とか、正しい文字を読み書きするとか、数をちゃんとわかるように足したり引いたりする以前のことだと思いませんか？

　それも長きにわたって子どもと向き合う仕事をさせてもらったお陰で、気づかせてもらったことのひとつです。

＜おとなの知らない世界で＞

## エピソード■花になって咲いてきてね‥

　ある保育園で園庭改造の公開保育があったときのエピソード。

　年長児の女の子が3人、桜の木の下の花壇のあたりに何かを埋めて、一本のつぼみの枝を挿し、そばに別の種類の葉っぱを一緒に供えていた。

　3人でしゃがんで何かお祈りしているようだった。その姿に何があったのかなと、ずっと見守っていた。

　本当はその世界に触れないほうがいいと思いつつ、心のなかで懺悔しながら、その子どもたちがサッと行こうとした瞬間に、1人の女の子に「どうしたの？」と聞いてみた。

「あのね、せっかくナメクジ見つけたのに、みんなでナメクジ渡しっこしてたら、ナメクジが死んじゃったの」
「ナメクジだったんですね」
「そうなの、だからお墓作ってあげたの。お願い、このつぼみの花を咲かせて生き返って！　とお祈りしてたの」
　その言葉を耳にして、なんて素敵な感性！　と思っただけで胸が熱くなった。

　園内研修の振り返りのときに、そのエピソードを伝えました。

「おとなたちが知らない世界で、子どもたちがどれだけ豊かな体験をくぐり、どれだけ豊かな感情を育んでいるかということを、わたしはそこから学びました」と。

　保育士だからといって、子どもたちのすべてを、逐一把握しなくてはいけないと思い込んでいませんか？

　全部を見ようとすると、あんがい何も見えていないものです。どこかに焦点を当てて、見ようとしなければ見えない世界がある。気づこうとしなければ気づけない世界がある。感じようとしなければ感じられない世界がある。

　ナメクジの物語のなかには、たくさんの気づきが秘められていることをあらためて知らされました。

　子どもたちが「ひとりぼっちの世界が好き」と言うのであれば、十分にその世界を満喫させてあげる。「なんでひとりぼっちでしか遊べないの、あの子は！」と見るのではなく、あの子はひとりで遊ぶことが好きなんだな、今はそういう時なんだと思って見る。

　あっちでははしゃいでいる、こっちでは祈っている、そういう姿にしっかりと寄り添って見抜く、そのためにも観察力を研ぎ澄ませて欲しいと願っています。

　それには保育現場の子どもたちの育ちを観察するだけではなく、アフター5の保育から離れた世界で、たくさんの物を観たり聴いたり具体的な経験をしていきながら、自分の感性を研ぎ澄ますせていくことが大事です。

　それがやがて保育士として、子どもたちと向き合うときの感性の刺激になっていきます。

　人としての自分のありようを常に問いながら対話していくこと、それが子どもとの対話につながっていくと信じているからです。

## エピソード■年長児の運動会の練習……

　これから年長児がホールに行って、運動会に向けて組

体操の練習をするというときだった。

　男性保育士と女性保育士の2人担任だった。

　ホールには、みんな並んで順番に行くことになっていたのに、1人の男の子があとから来て割り込んでしまった。
「割り込んでない！」と言う。周りの子は「割り込んだ！」と言い合いながらホールに行った。

　ホールに着いてからも、その男の子は女性保育士に、「ぼくは割り込んでない！」とずっと言い続けていた。

　今までだったらその先生もイラッとして、「あなたはどうして嘘つくの！」と説教していたかも知れない。

　その先生は限りなくそのことに触れずに、みんなでやろうとしている組み体操を、「あなたは今やりますか？やりませんか？」ということだけを聞いていた。

　それもその子の目線に合わせて、その子にしか届かないような小さな声で言っていた。

　その子はずっと先生の質問には答えず、「自分は割り込んでいない、わかってよ！」というふうに言っていた。

　それでも先生は、「あなたはこれからやるの？　やらないの？　どっちですか？」と、参加するかどうかだけを聞いていた。

　組み体操の前のバルーンを使った競技には入らないで、そのまわりをうろうろしていた。

　組み体操は、グループでだんだんに組み上がっていくので、自分がはずれたら、成り立たないことを知っている。いよいよ組み体操が始まるというときに、「やる！」と言いにきた。

　そのときに、「ぼくが割り込んだ」と正直に先生に話していた。

　先生は割り込んだことに触れずに、「組み体操をやりますか？」と聞くと、「やりたい」と言って、グループの輪のなかに入って

いった。
　その子が入らないとバランスが取れない。自分でちゃんと決めなくちゃいけないと、気づくことができたんだと思う。
　そのグループもみんなで力を合わせて見事にできた。

　そのあとの先生の対応が素晴らしかった。
「みんなこちらにどうぞ」と1列に並んで、話を聞ける態勢をとったあと、その子のグループだけをもう1度呼んで、
「〇〇グループ前に出ましょう。もう1回やってもらいます」と言って、再現してもらった。
　やり終わったお友だちに、
「今のグループで何か気づいたことがあったら、言ってください」
「は〜い、〇〇ちゃんかっこ良かった」
と、その割り込んだ男の子についてほめてくれた。

「〇〇ちゃん、かわいかった」
と言った子どももいて、その子は思わず笑顔になった。
　先生はみんなの前で、
「〇〇グループ、本当にみんなの力を合わせてできてよかったですね」と言って、2度もほめてくれた。
　わたしも子どもたちも一緒に拍手して幸せなエピソードで終わることができた。
　その後は、割り込んだ、割り込んでないということもなく、自分の気持ちもおだやかに、達成感と、ほめてもらった自己肯定感を抱きながら食事につくことができた。

　2人の担任同士が、いつでも子どもたちとを相談する関係にあること、いつも子どもの見方を一致させていこうとする前向きな姿勢が、このような結果につながったと思っている。
　この園は、大きい声を張り上げたり、否定しとい

う保育をめざそうとしています。

　子どもの願いを極力意識して、受け止め、感じようという努力をしている最中のエピソードでした。

　子どもの力を信じて対話していく先に、子どもが答えを出してくれるというエピソードそのものでもありました。

### ＜子ども自身が納得するまで＞

　お散歩に行くとき「はい、グループごとに並んで」と並ばせ、手つなぎまでおとながどんどんつなげている光景がありました。

　でも今は、子どもに「最善の利益」をという観点から、つなぎたいお友だちとどうぞ！　というように変わってきています。

　子どもにとっては、つなぎたい子どもと手をつなげるので「さあ、行こう」という気持ちになって、遊びが切り替えられるのです。

　しかし、ひとりふたり、その願いがかなえられないときがあります。そのとき、
「あなたの身支度が遅かったからでしょ、もっと早く来ればよかったのに」とか、
「時間がないからもう行っちゃうよ」
と、おとなの都合優先でたたみ込んでよいのでしょうか？

　その子の願いをおさめたところで出発するのかしないのかで、そのあとが大きく違ってきます。
「なんでつなげなかったの？」と責めるような言い方ではなく、
「どうしたい？」と聞くと、「いやだー、○○ちゃんと絶対つなぎたい！」と言います。
「いやなんだね」とまずは受け止めます。でも、そのあと「あなたの気持ちはよくわかる」と言って、○○ちゃんと手をつながせるのでしょうか？

　ここがポイントです。

5歳児

「あなたの気持ちはよくわかる。でも今どう？ みんなを見てごらん？」と促します。
　みんなを見まわすと、空いている手がないので、しぶしぶ「じゃ、先生とつなぐ」と言って手をつなぎながら先頭になって歩きます。視界が開けている先頭を歩きたい幼児は、取り合いになり「ずるい！」と言うこともあります。

　願いがかなえられなかったその子自身が、気持ちを受け止めてもらい、相談して初めて周りのようすに気づき、「先生と手をつなぐ」となるわけです。
　〝本当は友だちとつなぎたいけど、ちょっと我慢して出かけていく〟と、自分で決定できたことこそが大事なのです。
　ちょっとした時間を待てずに「遊ぶ時間がなくなる」と急がせて、本人が納得するように仕掛けていかなければ、その子はずっと、始まりから終わりまで、目的地でも消化できないまま帰ってくることになってしまいます。
　それほどつらいものはなく、どんなに楽しい遊びに関わったとしても、心のしこりは晴れないでしょう。
　おとなは、そこまでも想定しながら活動に向かって導いたり、促したり、受け止めたり、振り返ったりしていく、それでこそ「保育」なのです。

　「保育」とは、場面ごとに切り貼りして、勝手におとなが評価をすることではありません。
　子どもたちの見えない心模様を、どうわたしたちが見ようとするのか、意識化していくのかということなのです。
　子どもとしっかり向き合って対話すると、子どもはどうしたいのかを教えてくれます。
　おとなはいつも子どもから気づかされて学び、学んだことを他の子ども、他の場面でも実践でつないでいくことが求められています。

仲間同士で育ち合い刺激し合って、良くも悪くもまるごと育ち合うことのほうが、確かなものになっていく。
　そこを見抜けないおとながたくさんいると、遊んでいるときに「先生、来て」と呼んでも「ちょっとごめん、待っててね」と言われ、疎外感の連続のなかに身を置くことになります。
　それが集団生活のなかで、ちゃんと聞く姿勢をとれている子、発言力をちゃんと身につけている子どもの違いとしてあらわれるのです。
　一人ひとりの内面の育ちの違いに、おとなは気づいてあげなくてはいけないのに、気づかずして、表面的なところで修正を出し、おとなの思う方向に仕向けてしまいがちです。

## ＜子どもに学ぶ視点を本気で＞

　心のゆとり、時間のゆとりがないと、子どもから学ぶ視点と言われても、現場に入ってしまうと必死になって、見えなくなってしまう。
　そういうことに振り回されずに気づくわたしになる、絶対ぶれずに据えていくと心に決め、自分を信じて一歩を踏み出して欲しいと願います。
　やがて手抜きの楽ではなくて必要な楽さをちゃんと自分でファイルして、それぞれの個の育ち、それぞれのクラスの成長に合わせて、必要なときに必要なだけの援助ができるわたしになれます。本気度が問われます。
　それを1人でも2人でも多くの人に本気で気づいて、本気でつないで、本気で子どもから学ぶ視点を据えて欲しい、と強く願わずにはいられません。
　幼児のところではそこがひとつの柱として、すべてのクラスに据えられてると、シンプルなラインで一本につながる実践者になれると信じています。

# III　遊ぶこと、生きること

<当番も遊びの一つ>

　当番活動は3歳児はやらずに、4、5歳児でやります。
　とくに、5歳児が主流になって当番活動をしています。

　わたしたちは勝手に当番と言っていますが、当番活動でも子どもにとっては「遊び」の一つです。
　遊びの一つではあるけれど、「仕事」でもあるということを学んでいきます。

## エピソード■育てた野菜がメニューになって

　食育活動で、自分たちも働いて収穫した食材を調理室に持っていき「お願いします」と渡すと、給食のメニューになって、いただける。

　そのうちに、調理職員に作ってもらうだけではなく、自分たちでも作って食べてみたくなる。

　今まで苦い、きらい、と言っていた食材が、愛情をかけて育てて食べると、こんなにもおいしいものだと気づく。

　おいしいと思って食べると、パワーが湧いてきて、大きくなった心持ちになれる。

　そのときに心も身体も育まれていき、生きる力の源になっていく。

　幼児期になると子どもは、食育活動を通して生きるために遊んでお腹をすかせて、食べて排泄して、身体を休

めて、また活動する力を蓄えていくものだと、無意識のうちに気づいていきます。

　お米を一から作って食べるということもしています。３歳児はまだ天真爛漫なので個人差はありますが、４歳児で少し見え始めてきて、５歳児になると生きることの本物をつかみ始めます。

## 実践◎お米作り

　田植えから始まり、水を張って、秋には収穫。収穫したお米を大きいガラスの瓶に入れて、棒で突いてもみ殻取りをする。

　子どもたちは最初面白がって「ギッコンバッコン、米になれ、米になれ」と言いながらやる。

　何人かの子どもは「いつになったら白いご飯になるの？」「やだあ」と言って遊びに行く。でもまた違う子どものところで、「続き」と言いながら始める。

　こうしたやりとりで、長時間かけてやるより、もっと違う方法はないかと考えた。

　すり鉢にもみ殻を入れて、テニスボールをすりこぎ代わりに使って、ごまをするようにもみをする。もみを傷つけないように加減しながらすると早くできる。

　しかし、時間には限りがある。いつまでには玄米にして精米にするというおとなの都合と段取りに合わせて、用務職員にも協力してもらい、気づかれないように玄米を増やしてあげることもある。

「いつのまにこんなに増えたの？」とびっくりする子どもたち。その姿を見ておとなは面白がる。

　生きるために食べる、食べるために働く。

　畑の草取りなども「頑張れ」と言わずに、「仕事、仕事、働く、働く」と子どものまわりでつぶやく。

　子どもたちが「仕事だってよ」「疲れたよね」。「あら、疲れたんですか。じゃわたしが」と言うと、「（やらなくて）いいよ」と言う。

「じゃ、よろしくお願いしますね。仕事が終わったら教えてね」と事務所に戻る。
　ようやくできた玄米は子どもたちみんなでお米屋さんに持っていって精米する。
「こんなに真っ白に変わるんだ」
　ぬかを落としたお米を見て子どもたちは嬉しそうに言う。
　お米はガラスでできた透明なガス釜で炊く。ポコポコと音を立ててお米が煮えていく様子に子どもたちは興味津々で炊き終わるまでかじりつくように見入る。
　炊けたお米は年長児がおにぎりにする。ラップで巻いて一生懸命握る。具材は昆布と鮭。みんなの苦労と思いが詰まったおにぎり。感謝しようね、と教えるまでもなく、子どもたちは一粒一粒大切に食べる。
「世界一のおにぎりの味だった」と子どもたちは笑顔でおにぎりをほおばっていた。

### ＜本物の学びとは＞

　本当の学びとは、一斉に、
「はい、今から大事な話をするから聞いて。わかる人手をあげて」
ということではなく、幼児期においてもいつも遊び呆けて暮らしているとか、生活をしていくための仕事として当番活動も一生懸命切磋琢磨していく、そのなかで常に学び続けている、ということが本物の学びにつながっていくと思っています。

　私たちが「子どもは、100の言葉より1回の体験で本物をつかむ」と言えるのも、遊びを〝見える化〟してきてくれた年長児のお兄さん、お姉さんたちの力です。

　その一人ひとりの育ちが、誰が見てもくっきりはっきりとわかり、個の育ちが豊かになることは集団の豊かさにつながるということをあらわしてくれました。

# Ⅳ 就学を前にして
～土台をもとに
表現活動に羽ばたく～

### <年長児は園の集大成のモデル>

　集大成ということは、担任の力だけではなく、0歳児からさまざまなおとなが関わってきた、そのすべての集大成をモデルとして示してくれるのが年長児としての育ちなのです。

　年長児の集大成は、すべてのおとなが関わってきた責任の集大成でもある、と思っています。

　就学前の年長児は、この子たちはここまで育ったというちょうど区切りのいいときで、年長児の一人ひとりの違いがちゃんと豊かに育まれているかが、幼児保育のポイントになります。

　0歳児から年長児に至るまでのプロセスで、とくに0、1、2歳の乳児期に生活習慣の自立に向けて1対1の関係性をしっかり育まれてきた子どもは、そこを下地に自分から遊びの世界に羽ばたいていきます。

　それは遊びだけにとどまらず、子どもの成長に最も持ち合わせなくてはならない、聞く姿勢や受け止める姿勢が育つための土台にもなります。

　そこを引き上げてもらったり、伸ばしてもらったり、受け止めてもらってきたからこそ、芽が出て、つぼみがふくらみ、花開いて、やがて就学に向かっていくというステージに立てるようになってきたのです。

## ✳ 表現活動の集大成　劇づくり ✳

### ●自由に発想し自由に遊ぶ

　5歳までに十分に自由に遊びを積み上げてくると、5歳児では自分たちで遊びを考えて作り、発展させていくようになります。

　好きなタイミングでものを作る、好きなときに絵を描く、作品は壊れてもいい、また作ればいいということを遊びのなかでやってきた。出来た物は飾るだけではなくて、それを使って遊ぶようになる。楽器もただ鳴らすだけでなく、鳴らした音楽を使って何かできないか考えるようになります。

　運動会や生活発表会など行事があると、これまで遊んできたことを表現するきっかけと捉え、そのチャンスを活かして「やってみようか！」となり、発表の準備をしていきます。行事のために何かをやることはしません。

### ●1年の見通しをもったおとなの見えない仕掛け

　そこまでの育ちは、いろいろな遊びが面白そう、自由にやりたいなと思えるように、好きに選んで体験させる日々の仕掛けによって育まれてきたものです。

　おとなはもちろん今までの遊びのなかで、いろいろな物に触れて、たとえば生活発表会などの場でつながればいいなという想定もしながら、1年の計画を立ててはいますが、それをしなさいとやらせるのではなく、自発的につながっていくようにしていきます。

### ●遊び込んだイメージを形に表現する

　たとえば『エルマーとりゅう（福音館）』を思い描いて、その劇をやってみたいと言います。

　シナリオはおとなが提案していきますが、どう再現すればいいかは、子どもたちがすったもんだしながら考え合っていきます。

「あの役をやりたい！」と役を決めたり、

「どんな道具が必要かなあ？」
「劇をやるならそれに向けて作ればいいじゃん」
「道具係やります！」
「じゃあ、劇で楽器係やる！」
と、これまでにいろいろ遊んだことを思い出しながら、今までやってきたものを活かして、発展させて結び付けることをやっていけるようになります。
「1、2回はちょっとみんなで練習しよう」ということはあっても、きっちりかっちりの合わせ練習はしません。

担任はそれぞれのグループの進み方を見て、相談やきっかけがないと進まないかな、と思ったらちょっと相談をかけてみます。

子どもたちのアイディアをすくい上げ、子どものイメージが広がるように、提案をしていきます。

そのうちに子ども同士であれがいい、これがいいという相談もするようになっていきます。

当日の発表は、どうでもいいとまでは言いませんが、プロセスに意味があると思っています。そのなかで子どもたちは刺激し合ってもがきあって成長し続けるからです。

1人がさぼったらグループが動かない。年長になるとみんなの気持ちを1つにしないとうまくいかないということも感じ取っていきます。

## ※ 食育プロジェクト ※

### ◎子どもへの願いを込めて

　5歳児は保育園の集大成。就学前でこの先続く人生の土台作りの時期でもある。

　保育士として、卒園していく子どもたちにこうなって欲しいと込める願いは何か、これからさらに成長していく子どもたちに何を添えられるか。年度初めにそれを議論し目標に据えて、想定しながら計画を立てて実践していく。

　目の前の子どもから出発するといっても、出発するには目的地が必要である。

　生きる力を育むことを目標に置いた食育プロジェクトもそういった実践の一つである。食べること生きることを感じ、自然の中で野菜や虫などの生命に触れることなどをねらいとしている。

保育指針でも「食育の推進」として告示化されている。

■野菜編

### ◎1年かけてプロジェクト

　食育プロジェクトは0歳児から5歳児まで園全体で行う。プロである栄養士をリーダーとしてプロジェクトを立ち上げ、各クラスから代表が出て議論し、計画を練り、全職員の討議を経て決定し、実践となる。

　0歳児はプランターに植えた野菜を見たり触れたり嗅いだりの体験になる。

　1歳児からは実際にキュウリをもいだり食べたり。1歳児までは遊びのなかで野菜に触れるという体験。

　3、4歳児になるとプランターでいろいろな野菜作りを始める。

　5歳児になると、裏の畑をグループごとに割り当てられ、「地主」となるのだ。

## ◎「子どもに相談」がスタート

野菜作りを始める前に子どもたちに、
「みんな仕事大変だけど野菜を作りたいですか？」
と相談をかける。

今まで少しずつ自分たちが収穫をして食べるということを経験してきた。自分たちで作って食べることはとても楽しい。

なにより実際に畑で作れるのは年長だけの憧れの仕事。「作りたい！」その気持ちをもって始める。

## ◎土おこしから

畑は土地がいっぱいあるのに草ぼうぼう。土おこしから始めた。

保育園にあった鍬やふるいやスコップなどを使い、おとなが行う。土おこしをするとごろ石とか瀬戸物とか出るのでふるいにかけてよける。

畑用の黒土を足して撒く。うね作りは軽く形を作ってから、少しだけ子どもも参加し体験する。

せっかく形を作ったのに、子どもはぐちゃぐちゃにしてうねうねのうねにすることもある。

のら作業は子どもは飽きない。ちょうちょを見たら追いかけていって、畑に誰もいなくなったりする。

畑仕事はグループで分散してやっている。隣のマンションの住人が寝ているときは、ワーワー騒がないように子どもたち同士で注意し合う。

## ◎のどが渇くと何を飲む？

水やりを忘れると草が弱る、その姿を子どもたちが見られるようにする。フォローはするけれど、子どもたちの水やり当番の前日に水をやったりはしない。

それをしてしまうと、翌日、子どもたちが見る頃には元気になっているので、
「別に水を上げなくてもいい、いつ見ても元気じゃん」
と、水撒きの必要性の感覚が薄くなる。

弱ってる草を見ると「あ、まずい」「なんでだろ」とあわてて水をやろうとする。そこでタイミング逃さずつぶやく。

「私たちものど乾くと大変だよね」

「のどが渇くと何を飲みますか？」

　そのタイミングを逃すとただやっただけになる。ポイントポイントで言葉を添えて仕掛けていくと学んでいける。

「野菜ものどが渇くんだぞ」と子どもたちは声をかけ合うようになった。そうして子ども同士で広がっていく。

## ◎やらされている感を残さない

　当番活動は畑の当番（水やり）、人数確認など。ただし収穫のときや草取りのときはたくさんの手が必要になることもある。

　できればそこまで大きなグループではなく、少人数ずつのグループが持ち回りで変わっていったほうが仕事しやすい。

　遊びだけではなく、役割としての作業は、やらされた感が強くなると子どもには拒否感しか出ない。だから「働く働く」とつぶやいていると、その姿を見ることで、自分たちが何をしに畑に出ているのか、何の役目をもっていたか、ハッと気づいて自分からやろうとする。

## ◎憧れの畑仕事だったから

　もともと「野菜を育てたいですか？　どうですか？」というところから相談して自分たちでやろうと決めていた。年長になったらプランターではなくて畑でやれる、地主になれるという憧れもあった。

　だから仕事をする姿を見て、自分たちの役割を気づき直せたら、畑仕事はやらされることではなくて自分たちが野菜を作りたくてやっていることを思い出し、ますます働きたくなる。

◎収穫したら

　こうして収穫した野菜が大きかったりすると、子どもは長さをはかりたくなったり、重さをはかりたくなったりする。それで数字を覚えたり「センチメートル」といった単位を覚えたりすることも学習につながっていく。

　ときにはナスの花がきれいと思った瞬間に摘み過ぎて、みんなに怒られたりして泣いたりすることも……。

「用務先生どこ行くのー？」「水あげに行ってきます」「(みずあげってなんだろう)」と２歳３歳の子がついていったりすると、自然発生的に異年齢交流が始まる。畑近くの散歩などから自然にお兄さんお姉さんとの交流になっていく。

■お米編

　作った畑の一部のスペースを田んぼにして、１年間通してコメ作りをする。

　田んぼの場所は計算して掘って水が畑まで上がらないようにする。そして大きなブルーシートを敷いて水がたまるようにする。田んぼ用の土をシートの上に敷き詰める。苗は職員の実家から送ってもらったり買ったりして用意する。

　田植えの準備ができると、子どもたちを中心に苗を植えていく。水を張った田んぼには害虫対策としてメダカやヤゴを入れ、無農薬で作る。子どもたちはその数を面白がりながら数えては自然に数字に触れて学んでいく。

　水管理や全体の管理は用務さんの力を借りていく。ときどきのぞきに来た子どもが、
「あ、雑草だ」と気づくと自分から抜くこともある。
「なぜ草取りするの？」
「草がぼうぼうだとちゃんと野菜が育たないんだよねー、どうしてかしら？」
「わかんない！」

「栄養がこの草にとられちゃうんだよ」
　その訳を知ると熱心に草取りを始めるが、ときどきバッタやちょうちょうが出るとついつい追いかけて行ってしまうところは、子どもらしくて頼もしいと思える。

　そのうち稲が育っていくと、子どもたちは図鑑と実際を照らし合わせながら、
「そろそろ収穫の時だよね」とつぶやきながら教えてくれる。そのつぶやきを拾って、
「教えてくれてありがとう」と言うと、
「べつに」と言いながら嬉しい気持ち、役に立ったという達成感を感じていく。

　食育はおとなも子どもと一緒に育っていく。

■食育プロジェクトを通して育みたいもの

　落ち葉を集めて腐葉土にして畑にやることもできるようになった。だから化学肥料は入れない。無農薬栽培にこだわっている。
　保護者もそういう活動をしてきた子どもたちのつぶやきを拾って、
「家でも子どもと一緒に野菜をちょっと育てるようになりました」
とエピソードを届けてくれる。
　みんなで作り上げていく食育活動のプロジェクト。
　収穫した後の片付けがなかなか子どもたちと一緒にできない。「やっぱり感謝の気持ちで片付けまでやってこそ食育活動だよね」と話し合うが、忙しさを理由に用務さんに片付けしてもらうことが多かった。
　年を超えてのプロジェクトだから、連作障害や輪作の

知恵もついてきた。同じ畑で同じ野菜ばかり作るとよくできないことなども学んでいく。

5歳は田植えから始まってお米と一緒に自分たちも育ち合ってきた。

ジャガイモ堀のときもスコップでジャガイモを傷つけたりするけど、それも体験しなければわからない。

いつでも食べたいものが手に入ることについても、「春野菜、冬野菜がなんで夏にスーパーにあるの？」そういった疑問に気づいてほしい。その疑問に答えをすぐ言わない。

「どうしてだと思いますか？」

「教えて、おとなはずるい」と言って自分で調べるようになっていく。

食べ物がいつでもあるというのは当たり前のことではないと気づいて欲しい。身体をつくる、食べないと生きていけない食べ物を作るのは簡単なことじゃない。誰かのお陰で食べられるという感謝する気持ちも育って欲しい。

植物も生きている、水あげはサボれない。虫も生きている、自分も生きている、「命」を感じる体験を通して本物にしたものは血肉になっていく。

その体験やもったいないという気持ちは、人にたいする感謝や優しさにつながっていく。「命」について考える、そういう喜怒哀楽の感情を得られるチャンスを園で体験させたい。

集大成の5歳児はその思いを誰よりも感じ取れる。それも0歳児から今までのプロセスを通して、生きる力を育むための保育の集大成と言える。5歳ですぐに気づかなくても、将来気づいていく〝糧〟になってほしいと心から願う。

プロとしてはその土台になる体験のチャンスを仕掛けること。子どもに「ねばならぬ」と思わせることではない。おとなの願いとして計画作成をして実践につないで

いくが、基本は子どもが選ぶこと。おとなの都合でコントロールすることではない。

　子どもが「あ、行かなきゃ、野菜がおじぎしてる、死にそうだ」と気づく。虫にも命があることに気づく。少しずつそれに気づくようにつぶやきや言葉を添えて手助けをしていく。そうすると子どもたちも気づいて取り組みながら、子ども同士で広がっていく。

　食育は野菜が育っていく、目に見える成長を見せてくれる。でも実は、野菜も共に育ちながら子どもを成長させてくれる。生かされて生きているという相互作用を学んでいく。野菜と動物も共存、共生。だから自分たちの命も紡いでいく。

　今すぐ気がつかなくても、「命」を考えることがあったときに、幼児期の体験を思い出してくれたらいいと願っている。

さとしくんのものがたり
# やんちゃ坊主が遊びの天才に

　はじける３歳児どころかはじけっぱなしで、大声を上げることもあった子どもたちが、３、４、５歳児で見事に成長を遂げてくれた実践である。

## ◆保育の反省の会議で

　年長児の子どもたちに大声を張り上げない保育をめざした実践は、『心にバッテンマスク』を合言葉に、「子どもたちが何をしたがっているか、面白がっているのか」を見ようと、ひたすら努力をし続けた実践だった。

「先生の３歳児のクラスはどうなっているの？」
「あぶなくて見ていられない」
「そういうときは何で注意しないの？」と激論となった。
　職員同士の空気も友好的ではなくなっていく。

## ◆保育が面白い！　と思えるようになるまで

　そうやってぶつかり合い、探りあい、模索しながらのなかで、しだいに「あなたの保育はどうなの？」という問題ではなく、そういう議論になるときは必ず子ども抜きで、指摘事項を発信する会議になっていると気づいてきた。
『わたしとあなたの真ん中に子どもを置く』の語録を思い出し、スイッチが１人、２人と入っていくと、真ん中に「はい、子ども」と置くようになってきた。
　担任だけではなくて３歳児の担任たち全員が、受け止め方を変え始めた。
「この子が今何をしたがってる？　面白がっている？」
と、複眼的子どもたちを見るようになり、知ることができるようになり始めたときに、おとなが初めて子どもを面白がって見ることができるということを学習した。
　その結果、「面白いよね、この子たちの遊び」という

エピソードがどんどん増えていった。

◆会議が楽しくなる

　会議のあり方も、クラス会議、乳児ブロック会議、幼児ブロックで各クラスの振り返りをし、全体を捉えていくというようにしてきたので、それを3、4、5歳児で持ち寄る。

　3歳児の担任たちでははかれなかったエピソードを4歳児の担任が気づいて、
「〇〇ちゃんがあの場であんなふうに遊んでいて面白かった」とか、
「危ないと思ったけど、そんなときは担任としてはどうしていますか？」と聞いたりする。
「そういうときは、こうやって相談かけるよ」と言うと、
「こんどはそうやってみますね」となり、4歳児の担任はまたそこから学ぶ。

　同じように5歳児も、5歳児の担任が全部は見きれないから、見ていた人から毎日教えてもらう。

　会議のときだけではなくて日々の保育のなかでつぶやいてもらう。だいたい休憩時間に語る。「保育以外のことを語りませんか？」と言っても、語らずにはいられないくらい保育が面白くなってきた。

　面白いと思い始めたときに、みんなは子どものエピソードをいち早く知らせたいし、みんなで共有したいし、共感し合いたくなる。

　みんなで肯定的な言葉を交わすと嬉しくなり、そういう見方をしていなかったわたしから目線を変えて、
「切り口を変えてここから見てみよう！」
「気づかせてくれてありがとう」になる。

◆今までどおりにはならない

　さとしくんは3人兄弟の末っ子。
　自分の思い通りにならないような人物が目の前にあらわれたら、保育園中に激震走るくらい「ノー」と泣いた

り暴れたりして、全身であらわす子だった。

　さとしくんは暴れたら怖い、何が飛んでくるかわからない。そばに来るだけで「いやだ、怖い」という存在だった。

　3歳児で思いっきり発散させてもらったお陰で4歳児になったとき、周りも成長してくるので、お互いに気づき始める。

"ぼく・わたし"は気づいていた。とばっちり受けるのが怖いから、触らない、見ない、話さないというふうに演じてきたけど、周りの子どもたちもぐんと成長してきて、4歳児になったらそうはさせないぞ、と周りが許さなくなってくる。

「3歳児の自由奔放になるというのとは違うぞ！　その違いを知ってよ！」ということを仲間が示してくれる。

　今までいばって指示命令してきた僕の言うこと聞いてくれないの？　とさとしくんは初めて気づく。

　わがままは通らないということ、ときには我慢も必要ということを学習していく。

　それはおとなに言われて育つことよりも、仲間の育ちのなかで気づかされてつかんだものだった。

## ◆孤独を味わう

　今までわがまま言っていた"ぼく・わたし"だけど、今度は僕だって我慢して「いいよ」と言ったり、「だめよ」と自分で見極める力をちゃんとつけていかなければいけないんだな、ということに、気づき始めた。

　そうすると、暴れなくなってくる。

「別にあなたと遊ばなくったって、たくさんのお友だちがいるも〜ん！」という世界になる。

　振り向いたら僕の周りには友だちが誰もいなくなっているということにも気づく。

　そうすると、優しくなる。素直な自分になる。だけどまだまだコントロールが有効じゃないから、イラッとすると棒で追っかける、物にあたる、そんなことをしてい

た子どもだった。そんなことをしながら成長していった。だからそういうことも大事。

　仲間だぞと思ってつらなっていた友だちがみんな離れていき、なんか寂しい、孤独という空気を吸ってしまったときに、いばることが強いのではないということがわかってきたので、年長児になったときにぐんと伸びた。

◆我慢することが必要だと学ぶ

　さとしくんも、暴れていたのを、いつでも自分でブレーキをかけられるようになった。

　それまではおとながブレーキをかける役割だったのが、自分でブレーキをかけられるようになり、それをおとながちゃんと認めていった。
「さとしくんえらかったねえ、先生嬉しかったよ」と。
　担任の天真爛漫さ、明るさ、心から人が好き、子どもが好きという関係性が彼をそうやって伸ばしてくれた、導いてくれたことになる。

　さとしくんは、今まで泣いている子どもの原因は常に自分にあったが、最近は逆の立ち位置に回れるようになった。
「なんでいじめるの？　なんで泣いてるの？　誰がやったの？」と。体験した分人に優しくなれる。

◆遊びの天才として花開いた

　それと合わせて遊びの名人だった。次から次へと遊びを考える子だった。

　振り返ると、十分すぎるくらいの愛情を注いでもらっていたから、人にたいしても優しくなれる子になった。

　それを見事に実践で見せてくれた子だった。

　テコの原理というさとしくんの遊びで、タイヤと板とボールの３つの道具を使ったら何ができる？　何が面白くなる？　どこまでやったら限界がある？　ということを来る日も来る日も板とボールとタイヤで仲間同士でやり続けてきて、そして最後にワンツースリーでポーンと

飛ばして、事務所の上の2階のテラスにボールがいくことを想定して、そこを見通して研究して最終的にはそれが達成できてきた。

　自分たちは上に向かって飛ばしているつもりが周りで遊んでいる子どもの背中にボンとボールが飛んできたりする。

　ぶつかったときも、信じられない早さで飛んでいって「ごめん、わあ〜悪かった」「あ、ごめん、だいじょうぶだった？」「だいじょうぶ？」と覗き込んで言える子になった。

◆**肯定的に見守ってくれる職員の仲間**

　そういうエピソードを担任が言うときは、嬉しくてウルウルして話す。「泣くな〜」とみんなに言われて「泣きません」と言いながら、本当に感動しましたと。

　その場面を自分が見ていなくても、第三者が見て、そのエピソードを毎日の振り返りだったり、クラス会議だったり、幼児ブロックの会議で、その後の育ちとしてテーブルに載せたときに、みんながそうやって肯定的にさとしくんの育ちを見守って見てくれて評価してくれている、その事がすごくうれしい、それはイコール自分もほめられた感になる。

　そうして自信がもてるようになると、自分を素直に振り返り、ちゃんと自分の言葉でメッセージとして相手に渡すことができる。

　だから、わんぱく坊主のようだけど、すごく繊細でデリケートで優しい子なのだ。

　遊びの名人と呼ばれ、何をやってもいつも夢中になれる子、生き生きしている。集大成でそういう姿になった。

　さとしくんと女の子ともう一人の男の子の3人でツリーハウスに板を這わせて、そこからジャンプする遊びを始めようとしているときに、担任が
「下に小さい子が遊んでいますよ」と一言添えると、
「うん、わかってる」と言ったそのあとに、そのさとし

くんはもう一人の女の子と男の子に
「おめえたち、聞いたか」と大工の棟梁のように言う。
「下に小さい子が遊んでいるから、絶対この板を押さえてる人は離すんじゃないぞ」飛ぶ子にも呼び掛ける。
「下に小さい子いるから気をつけろよ」
「うんわかった」と返事する男の子。
　監督のようにさとしくんは、ちゃんと押さえている手も見るし、飛ぶ姿も見て
「すげえな、こんどおれのばん」と言ってエスコートしていく。
　体育用のマットの置き方も、最初は小屋にピタッとくっつけて置いていたが、自分たちのジャンプ力が伸びていくとマットから外れるので、それも想定して、小屋とマットの間を空けて、マットからジャンプして着地したときはみださないように設置する。ドテッと落ちたら尾てい骨を折ってしまうから、誰も教えていないのに、心も身体も育ってきているので、ちゃんと両足で着地する。それは本当に小屋でも跳び箱を飛んで着地するのと同じようになる。遊びのなかで獲得していったものだった。

## ◆やり遂げるまでやるのが年長児

　さとしくんの面白いところは、最後女の子と男の子とボール飛ばしの目標を達成していくのだが、自分と気心が知れている、そして素直に自分の言うことを聞いてくれる子との仲間関係づくりだった。

　だからわたしたちが個の育ちを見極める、なんていっても、子どもの関係はシビアだ。

　自分と同じくらいの力の子はぶつかることがわかっているので、素直に従う優しい子だったら限りなく達成できるまで一緒にやっていける。

　だから来る日も来る日もやり遂げるまでやるというのが年長児。でもそれは、乳児期の下地があるからこそだ。内面を知るということはそういうことだと思う。

## 困ったな相談

### 子どもの興味関心を見逃さない

　ある絵画教室を開いている方からのご相談だった。
　指導してもらえることを期待して教室に通ってきている子どもたちにたいして、どういう指導をしたらいいかという相談だった。

　音楽でも絵画でも、指導者だから教えなくてはいけないが、本当の教育、保育とはその子自身が、何を願い何をしたがっているのかということにたいして、どのような環境構成を提案してあげればいいのか、道具を用意してあげればいいのか、動機づけをしてあげればいいのか、それだけでいいと思いませんか、とお返事した。

　指導とは上から目線で教え込むことではなくて、子どもの願いに則して仕掛け人になっていくこと、それが教育・保育ではないだろうか。
　子どもの願いを汲み取るには、まず発達を下地に据えなくてはいけない。
　０歳児は０歳児なりに、年長児は年長児なりに、発達の節目をたどって成長したがっている。
　子どもたちの育ちには、いつの時代にも確固たる発達の下地があるということ、たどるべき道筋があるのだということ。それは世界各国変わらない。
　そこにプラス個の育ちがある。一人ひとり違うということを据える必要がある。

　保育園は今養護と教育の一体化が求められている。
　幼稚園も今養護が問われている。養護、つまり食べる、寝る、排泄する、着脱する、という生きる力を育んでいかなければならない。生活習慣の自立を幼稚園・子ども園の現場でも、そこが育てられ下地となり、学校教育へと飛び立たせなくてはならない。

一人ひとりの違いを、わたしたちプロは把握していなければ、一人ひとりに見合った仕掛けはできないと思う。

　仕掛けとは、今子どもが夢中になっている遊び、まだ遊びが見つけられなくて揺らいでいる子どもの内面などを把握することから始まる。

　その子のこだわりの世界をずっとそのままにしないで、もっと面白い遊びもあるよ、ということをそろそろ仕掛けていこうかな？　と仕掛けの見極めとタイミングが大切である。

　たとえば、子どもは手にした玩具を振ったり、たたいたりして音と向き合い始める。

　音に興味を示していたら、自分で手にしている物だけではなく、ハイハイした先につり玩具を見つけ、触ってみると音が出た！　そういう仕掛けをしておく。「これは何？」と思ったらちぎれるまで振って遊ぶ。

　それに飽きると、違うところに出かけていき、あらゆるものを触ってみる。

　そういう姿を見たときに、音の出るものをいろいろ並べて置いてみる。

　取ろうとしたけどつかめなくて、落ちたら音が出た。「ん？」とびっくりして、また触ってみると音がする、というようなことを体験していく。

　そのように子どもがしたがっていること面白がっていることを、見極めて受け止めて「もっと楽しいことを自分で見つけてごらん」と、その子がいるすべての環境を巻き込んで仕掛けていく。

　玩具と音の例で言うと、仕掛けの場所、高さ、素材を知っていく。

　そうして０、１、２歳の乳児期に具体的な体験をくぐらせて感性を刺激されてきた子どもは、３、４、５歳の幼児期になったときに自分の記憶を呼び起こしながら、さらに自分の力でアートの世界を描き、醸し出していくと思っている。

### みっちゃんのものがたり 異年齢交流で育った

ある日、みっちゃんが言葉を発したとき、「みっちゃんがしゃべった！」とニュース速報になった。「みっちゃんの声、聞いた！」と２歳児でも共感共有。みんなぼくに注目して喜んでくれている、と笑顔になるみっちゃん。援助を必要とする子だったけど、異年齢交流のあり方でどんどん仲間のなかで刺激し合い育っていった。

### ◆お姉ちゃんの存在の大きさ

みっちゃんには３つ違いのお姉ちゃんがいた。

だから、２年間を一緒に保育園で過ごした。

とにかく弟と一緒に来られること、弟と一緒の屋根の下にいられることが嬉しいというお姉ちゃんだった。

お姉ちゃんが一番にやることは弟のことを探す。「みっちゃんの声だ」と聞きつけると、廊下のほうから、お部屋のほうから駆け付けてくる。

そして必ず「みっちゃん来てたの？　いたねー」と言ってギュッとハグをしたり手をつないだり、一瞬だけ相手して「じゃ、お姉ちゃんあっちに行くね」と言って、それから仲間のところに行く。

家族のなかで、みっちゃんが援助を必要とする子供であるということを受け入れるのに葛藤があったとき、お姉ちゃんが「わたし知ってた」と言って、家族のきずなを深めたというエピソードがあった。

### ◆仲間のなかで育つということ

みっちゃんは、幼児になると冗談が言えるようになった。園では異年齢保育がされていて、放牧されるかのように自由に遊んでいたから、そのなかには個性の強い子がいたり、優しい子がいたりする。

それを自分の目で確かめていく。視覚から入ったり、聴覚から入ったり。刺激し合うたびに見ようとするし聞こうとする。

それはその子の成長でもあるけれど、周りの子の成長

でもあった。

### ◆子どもへの説明を職員で統一する

　だけど違いもわかってくる。みんなと何かが違う。
　2歳児のみんなは、
「みっちゃんはどうしてしゃべらないの？」に始まって
「どうして？　どうして？　なぜ？　なぜ？」と聞くこだわりの時期がある。
　クラス会議、園長主任も加わった会議、幼児ブロック・乳児ブロック会議、全体の職員会議、いろいろな会議の場で、みっちゃんの成長とクラス集団の成長を振り返る。
　その席で、わたしたちは「なぜ？」という問いにどのように関わっていくのか、言葉を添えていくのかという振り返りをした。
　そのときに「なぜかしらね」という言い方がある。
　そう言うことによって、

「なんだ、先生もわからないんだ」と思う子もいる。
「なぜ？」と聞いているんだから「教えて」という子もいる。
「なぜ？」と言う問いにたいして、クラスで相談した結果は、言葉を添えていくときに、
「みんなは言ってもすぐわかる。みっちゃんはゆっくりいろんなことを憶えようとしているから、今はそうなんだ」と言うことにした。
「ふーん、ゆっくりなんだ」
「でも、走ると早いよ」
　なるほど、おとなが試される。そういうときに、
「そういうことじゃなくて」と言わず、
「そういえば、みっちゃん走るの早いね」とか
「逃げるのも早いね」
「そういうときもあるね」というように言って、子どもが気づいたことも認めつつ、
「ゆっくり、しっかり、みんなと同じところに来ようと

しているんだよ」
という言い方をしてきた。

### ◆子ども同士で磨かれる感性

　子ども同士の言葉は、感性を刺激し合い、すり合わさったときに、感性が磨かれていった。
　子ども同士の世界はとても大事で、受け皿となる仲間の育ちが豊かであると、突然入園してきた子がいても、
「なんでしゃべんないの？」
「いつになったら、しゃべるの？」と言い、
「みっちゃんが、しゃべった！」と大喜びし、
「みっちゃんはちょっと違うから、許してあげよう」となる。
　そこから、心が育まれていく。
　他の子どもだったら絶対許さないことも、
「みっちゃんは、ゆっくりなんだ」と学習しているから
「許せるけど」というように譲歩していく。

　でもみっちゃんもだんだん学んで、賢くなってくるから、意地悪にもなってくるし、他の子のほうがゆっくりだと逆転現象も起きたりする。
　それはお姉ちゃんに刺激をもらっているから、ちゃんと目配りや、耳の聞きわけとかもできる。
　一人っ子の2歳児よりも、お姉ちゃんがいてくれることによって、いつもみんな刺激し合って育っている。

### ◆異年齢交流が世界を広げた

　やがて、みっちゃんが3歳児クラス、お姉ちゃんが年長児になった。
　その日の主要な活動は日案のなかに据えているが、それ以外は自由な異年齢交流のなかでの暮らし。
　表現活動は子どもがやりたいときにやることを大事にしてきている。そのため、幼児になってからたくましく変わってきたみっちゃん。
　お姉ちゃんが同じフロアにいる。廊下階段ホールなど

お姉ちゃんの部屋の近くに来たとき、会いたいなあと思ったら、自分でタッタッとお部屋に行く。するといつも「みっちゃん、来たの」とハグされるから、たまに「今は来ちゃだめよ！」と言われても、ちゃんとわかって戻っていく。

異年齢交流で、みっちゃんとお姉ちゃんは、より密度が濃くなるし、安心の心持ちも豊かに広がっていくので、直接触れなくても、あそこに行くとお姉ちゃんがいる、こっちに行くとみっちゃんがいるということがいつも認識できる。

みっちゃんも２歳児のときと違い、自分の遊びに集中できるようになってきた。

どの子どもたちもみっちゃんは何かが違うということは気づいていて、こだわりながら同じ空間で生活している。

その違いを「だからみっちゃんはいやだ、仲間に入れない！」ではなく、違うんだけど仲間なんだということを２歳児のときから気づいていく。

同じテーブル、同じグループということもわかるし、いつもみっちゃんはわたしの隣に寝てるなーだったり、そういうなかで兄弟愛、家族愛、グループ愛、クラス愛、みたいなものが育っている。

隣にいるだけでいい、願わくば対話ができたらもっといい、しあわせ、と。

子どもたちはいつも不思議がりながら求めていく。何か一緒にやりたいから、

「みっちゃん来て！」

「いやだー」

「いやだって言わない、来て！」という強引さもあったりする。みっちゃんのほうも、それで仲間に受け入れてもらっている感を学んでいく。

家族の社会から２歳児で初めての出会いがあり、３歳

児になると、はじける、よくわからない、めまいするくらいのわさわさ感、あっちでもこっちでもぶつかり合いがある、ギャーと泣く声がする、そんな空間で過ごす。そのなかで、
「みっちゃんはゆっくりだけど、お話しできるようになるんだよ。だから教えてあげてね」
と、みっちゃんの存在をないがしろにしない、みんなと同じなんだということをしてきたから、集団が育ってきたんだと思う。

　限りなく個の存在を尊重し合う、認め合う、共有し合う、みんな違うということを一つ一つの場面でていねいに対話していく。

　社会性はいちばん身近な家族から学んでいく。それが保育園だったり幼稚園だったりする。
　しかし、人としてのありようの部分で、人が困っていたら助けられる人であって欲しい、人の痛みを共有できる人になって欲しい、と思う。
　それはすべての子どもたちに言える。
　道端でバタッと倒れた人を見て「あら、倒れてるのね」と素通りするのではなく「救急車を呼びますか？」と言って欲しいと思ってしまう。
　そういうことを育むのも幼児期だと思う。

# 異年齢保育

自然発生的な関係性の中で
豊かな心と体が育まれる
みんな憧れの存在になれる

# Ⅰ 「見えない手つなぎ」があってこそ

### ＜子どもが自由に選択する異年齢保育＞

　異年齢交流というのは、子どもが自由に選んで生まれた自然な交流を言っています。

　毎日の日案のなかに、おとなの意図を含んだ主な活動を入れていくのですが、それ以外は自由時間。

　何か一つ仕掛けたいと思った保育以外は、自分の遊びたい場所も、友だちも、おとなも全部自分で選んで決めていく。それがめざす子どもの世界。

　1歳児になり探索活動が始まると、めざす先でいろいろなことに出会います。それが何倍にもふくらむのが3歳児です。

　2歳児までは、おとなの手を十分に借りながら生活をして、3歳児になるとそれを土台に友だちを探していきます。

　自分の興味関心があるところに行った先々で、同年齢の友だちだけでなく4歳児の友だちや、5歳児の友だちに出会うと、面白さにスイッチが入り夢中になって遊びます。

　絵本の読み聞かせなども、年長児のお姉さんたちがいると、3歳児の女の子がこの絵本を読んで欲しいとお願いして、姉妹のように肩を並べて読んでもらう姿をよく目にします。

### ＜園中を自由な空間に＞

　成長発達からみると2歳児だけどもう3歳児、逆に4

歳児だけどまだ3歳児の育ちのようなこともありますが、それは個の育ちの違いと表現して、3歳児は3歳児だけとくくらないのです。

　3歳児の誕生日を迎えたけど、心の育ちがまだ2歳児半ばにいる〝ぼく・わたし〟だから、「お願い、2歳児のお部屋に行ってきていい？」という子どもの願いを保障してあげる意味でも、異年齢交流が大事だと思っています。

　それはおとなが勝手に決めるのではなく、子ども自身が、自分の心持ちで「ここがいい！」と選んでいるのです。「3歳児クラスになったんだから」と言うのではなく、「恋しいよ、2歳児の部屋」「あの環境が好きなんだ」というときに、「どうぞ行ってらっしゃい」と言える環境があると、そこで自分の気持ちを調整することができます。

　なんだか周りの風景を見たら、恥ずかしいとか、ぼくの居場所じゃなかったと気づいたときに、もう行かなくてもだいじょうぶになります。

幼児になって、先生を困らせたり、友だち同士でもがき葛藤してケンカしたりすると、
「もう、いつまでもそんなことをするんだったら、赤ちゃん組に連れていくからね」
と言うおとなたちの寂しい言葉をよく耳にしますが、赤ちゃんに失礼だと思いませんか？

## ＜自分たちでルールを決める＞

　M保育園では、廊下を走っても注意することをやめました。その代わり、遊びのスペースとして開放したとたん、年長児が紙飛行機を廊下で飛ばす競争を始めました。

　年長児はすぐ、廊下は子どもだけではなくいろいろな人たち、職員、保護者が行きかう場所だと気づくと、子どもたちがぶつからないように、楽しく遊ぶためにはどうすればいいかを年長児同士で相談し始めました。
「人がひとりでも来たら、誰かが通ろうとしたら、飛ばすのやめよう」と約束しています。

本当に自分たちでルールを考えて相談します。
　その姿からも、ルールはおとながつくるものではなく、子どもたちが必要なときに考えて作るルールが本物だと再認識しました。

＜はじける３歳!には異年齢は効果的!?＞
　そのうち３歳児も、飛行機飛ばしをやりたがります。「じゃ作ってきて」と平気で年長児たちが言います。「作れな〜い」と言いながら、飛行機作りの名人を覚えていて、このお兄ちゃんに作って欲しい、と頼みます。
　指名されて「しょうがないな」と作ってあげます。
「飛ばし方はどうやってやるの？」
「おれがやるのを見てな」
「こうやって高く持ってね、ピューンと放すんだよ」
と教えています。
　３歳児は、何回も何回も飛ばすうちに、ヒューン、ポトンとなっても、できたつもりになります。

そうやって憧れのお兄さんやお姉さんを求めていくのも３歳児です。
　そういう意味で３歳児は、同年齢の似通ったお友だちとケンカして右往左往というよりは、異年齢の世界に行ったほうが面白くなってきます。
「教えて」と言うと教えてくれる、「分かんない！」と言うと「何が？」と聞いてくれる、大好きなお兄さんお姉さんがいるからです。
　３歳児の〝はじける世界〟の先にこういう異年齢の関係があると、すごく頼もしくなってきます。
　このように、保育園じゅうにいつでも誰でも選べる関係をつくっています。

＜観察力を研ぎ澄ます＞
　異年齢保育に不可欠な「観察力を研ぎ澄ます」ことができるためには、〝意識する〟ことが必要です。ぼんやり見ていても、それはぼんやりした１日でしかありませ

ん。意識して見ると振り返ったときにより深く、何がどのように展開していったかという物語を描くことができます。

そのために子どもたちの成長発達の把握や、職員間の情報交換共有はとても積極的にやります。そうしなければ、子どもたちが好きなところに飛び出していくような〝自分で選ぶ〟ことを保障する保育は展開できないからです。

担任だけで見ようとしたら無理が生じます。飛び出した先のおとなたちが「わたし3歳児の担任じゃないから」では子どもたちを守れません。

いつも『見えない手つなぎの輪のなかに子どもたちが安心安全の暮らしをしていく』ことを保障していく。それがわたしたちの役割、と言い続けています。

たとえば、3歳児の子どもが担任の視界に入らない世界で遊んでいる場合、それを見た他の保育士が「あの子面白いことをしていたよ」とちゃんと担任に届けるといったように。

こうしてつないでいくことで、子どもたちの成長をみんなで見守ることができるのです。

＜遊びを通して自然な異年齢の関わり＞

## エピソード■風を感じて ……………

ゆったりまったりすることの少ない暮らしのなかで、せめて保育園では風を感じて欲しいという願いで、園庭にテントを張っている。

無風状態のときには動かず、台風の前の強い風が吹いたりすると、パタパタと音を立てて動く。

そうすると子どもは、風が怒ってるとなんでもないように言う。自分も怒るけど、風も怒るんだということを、風から感じとっている。

あるとき、無風状態でだらんとしているテントの下で、乳児が見上げて動くのをずっと待っている。

「ムリ」と年長児の男の子がひとこと言う。
　何が無理なのかわからない乳児は、それでもずっと見上げている。その姿に年長児は我慢できなくなって、「今日風吹いてるか？」と投げかけた。
　まだその言葉の意味がわからない乳児は、それでも見上げている。
「あのね、風が吹くから動くんだよ、だけど今日は吹いてないでしょう？　だから動かないの。だからムリということ」
と捨て台詞のように言って去っていった。
　乳児はそこで初めてテントが動かないことがわかって、その場を離れた。

　乳児に「ムリ」と言う言葉が通じなくて、「風が吹いていないとテントは動かない、だから無理」という言葉を添えた説明が、やっと通じて、去っていくという物語。そういうことの連続です。

### ＜自然を感じる体験＞

　わたしは、ありの巣のことを図鑑の前に、現実で先に学びました。
　田んぼの土手のところに、ありんこがわんさかわんさか出たり入ったりしているのを見て、だんだん崩したくなった。土をそっとどかしていくと、道があった。
　わたしたちの子ども時代はまだ図鑑はないし、この風景は自分の原風景としてあると話すと、当時の担任に驚かれていました。
　今の子どもたちは図鑑が先だったりする。視覚、聴覚も実物から入っていない怖さを感じます。だから図鑑の活用の仕方を逆にして欲しい。
　子どもたちは毛虫を見て、これは蝶なのか蛾なのかと必死になって図鑑で探す。「これ蛾なんだって」とがっかりして戻す。
　私は鳥肌がたつくらい青虫が苦手です。
　主任時代に２歳児に「つかみたい」と言われて、

「ヒャー！」と思いましたが、2歳児の願い叶えずにどうする？と思い、勇気を出しました。が、やはりつかめなくて、割り箸の上に乗せて触らせて、箱に戻したということがありました。

みみずやだんごむしも、カブトムシの幼虫も腰が抜けるくらい苦手です。

年長児は育てじょうずで、何十匹も育てています。たくさんありすぎて親御さんに「ご自由にどうぞ」と分けて、お家で育ててもらったこともありました。

3歳児がだんごむしをバケツ一杯見つけてきて、「園長先生見て！ 見て！」と見せに来たことがありました。「このだんごむし、どうするんですか？」と話題をすぐそちらに向けると、「せっかく集めたんだから取っておく、お昼寝から起きたらまた遊ぶ」と言います。

カンカン照りの日に「園長先生、これ見ておいてね」とわたしの視界の入るテラスに置いていきました。

お昼寝から起きて、だんごむしを見たら、カラカラになっていました。

子どもたちはとてもショックを受けていました。それも大事な体験、4、5人で元の場所に返しに行ったということがありました。

それ以来、一度経験した子どもたちは、集めても返しに行くようになりました。「からあげになるの、知ってるか」と言いながら「集めてもいいけど元の場所に返してあげようね」と子ども同士で語り継いでいくようになりました。

元の場所に戻すと、すぐ次の子が探したりため、裏の畑の見つからないところに戻して、採られないようにする知恵もついてきました。

だんごむしは湿り気のあるところがいいということもわかってくると、大きい石を動かしてその湿ったところに戻したりしています。

子どもたちは体験を通して、生き物から命の大切さを学び続けていきます。

# 職員集団

子どもの力を信じる保育は
職員の信頼関係を無くして
叶えられない

# I 園長・副園長・主任の役割

**〈現場を共に把握することによってつながる〉**

　園長といっても、保育士に変わりはなく、現場を知らずして保育は語れません。まずは現場に着目することから始まると思っています。

　現場に入ると日々の仕事に振り回され、その繰り返しのなかで、目的意識も問題意識も持てなくなってくることがあります。

　そこで、忙しいなかでも、5分、10分の園長としてのスケジュール、副園長・主任とのスケジュールをすり合わせて、

「わたしはこの時間帯に先に行って廻ってくるね」
「行ってらっしゃい副園長さん・主任さん」ということをしていきます。

　すると、お互いに意識して見て、聞いて、感じて、相談を受けて持ち帰ってきます。

　主任は主任で気づいたことを、「どうだった？」とそのときに伝え合い、後回しにしません。

　同じ持ち時間で30分廻ったとしても、意識も着眼点も違うので、気づき方が見事に違います。

　そのときに自分が気づかないことを主任が気づかせてくれたり、主任が気づかないことを園長が気づかせてくれるという、お互いに相互作用が生まれます。

　お互いに違うと思うことをキャッチボールしていくなかで、いろいろなことが見えてきたり、これは大事だということがひらめいたりするのです。

　そこで共通課題が見えてきたときに、ここは短期的に

意識して見ていこうとか、着眼点を一致させることもできます。

そうやっていくことで園長も主任も副園長も、保育でつながっていけます。

このように保育現場で職員間の対話は大事なのですが、役割として自分ひとりで決断しなくてはならないこともあります。

たとえば、職員は保護者から仕事の話だけではなく、夫婦間のことや家族のこと、祖父母の介護のことなど、たくさんの相談を受けます。

そのときに立場上、決断を迫られることも多く、その経験を積み重ねることで保育力を磨くことにもつながっていきます。

保護者が相談することによって、ほっとできると、そのほっと感が保育現場につながり、ほっとしたおとなと向き合える子どもたちは、なお幸せになります。

そのように、生かされたり生かしたりできる関係が保育現場だと思っています。

園長の役割は、どう職員や保護者をうまく管理するかではなく、保育を語ることで、いかにして園全体ですべての子どもを見ていくかを構築することです。

＜園長・副園長・主任に必要な視点とは＞

わたしたちは日々のエピソードから、子どもの変化だけではなく、そこでやりとりするおとなの関わり方からも学ぶことができます。

とくに園長は、子どもの育ちを見ると同時に、職員一人ひとりの成長や変化をも読み取っていきます。

その読み取ったことにたいして、園長としての裏付けを添えられるようにならなくてはいけないと思っています。

子どもの育ちと、子どもを育てている職員の成長の両方を見る視点が園長には求められます。

それが園長になる準備になるのです。

＜副園長＞

副園長とは園長の補佐をする、園長と他職員とのパイプ役をする、園長の代行として保護者対応も行うこともある保育の要になる人です。

たとえば新たな園長を迎えたときに、これまでの園長と少し違う価値観やずれがあったとしても、

「園長先生はどうお考えですか？」

「園長先生はどう思いますか？」

「園長先生はどうしたいですか？」と、まず後任者を受け入れることから始まると思っています。

そのうえで、「今まではそうだったかもしれないけど、わたしはこう思う、わたしはこうしたい」と、お互いに言い合える関係の下地づくりをする役割があります。

わたしの現役時代も一緒で、現場を守ってきたのはすべての職員で、わたしはその舵取りの一端を担わせてもらっただけなので、後任者が入ったところでは、主任さんがその園で築いてきたことを引き継いでくれるわけです。

見学者が訪れたときも、その園の長が説明しながら自分の言葉でインフォメーションする、プレゼンするということが、どれだけお客様のおもてなしにつながるか。

園長の立ち振る舞いを見たり、考え方が伝わると、自分もこういう園長先生みたいになろう、少しでも近づきたいなと思う。そのようにして自覚していくわけです。

＜職員にたいする仕掛け＞

園長、副園長、主任が保育の応援に入るときには、心のゆとり、時間のゆとりが必要です。それを意識しながら現場に関わっていきます。

わざわざ園長が現場に来たことに、プレッシャーを感じないで自然体でいて欲しい。

それよりも感じて欲しいのは、見てもらう安心、聞いてもらえる安心、感じてもらえる安心です。

それに職員が慣れてくると、日誌を取りに来たときなどに「先生、今日の保育を見てどうでしたか？」と逆に職員のほうから聞いてきます。

〝待ってました！〟と内心思います。上から目線で教えるのではなく、職員が聞きたくなるようにすることが仕掛けなのです。

答えるときも、まじめに報告をするように伝えるのではなく、ワクワク、ドキドキするように伝えると、職員もそれに応えてくれて、

「わたしたちが知らない世界でそういう遊びがあったんですね、ありがとう」というやりとりが生まれます。

そうなると、子どもたちの遊ぶ環境はとても幸せな世界になります。

園長・主任は、ふだん担任が見ているところとは違う視点で見て、違う場面の切り口をつくり、担任とすり合わせる。そうすることで担任もわたしたちも第三者的に個の育ちを共有することができます。

本当はそこに大半の時間を注がなくてはいけないと思っています。そうして意識的に継続的にすり合わせしていくことで、担任は安心して任せてもらっている感をもてることになります。

それは子どもたちも安心の空気を吸って暮らしていけるということ。安心して遊んだり寝たり、起きたり、食べたりすることができるようになるわけです。

おとな同士が心地いい関係性をつくっているんだなあ、ということを言葉で言わなくても、立ち振る舞いや表情、声のトーンなどから子どもたちは感じていきます。

### ＜職員集団の連携をとるには＞

子どものエピソードを中心に語れる人になっていけ

ば、どんなにいやな先輩であっても怖くなくなると思っています。

　わたしたちはそもそも、子どもに向き合うことが仕事なわけですから、そのために先輩と向き合うことはあっても、先輩のために仕事をしているわけではないのです。

　先輩は経験者ぶり、あなたたちよりたくさんの仕事をこなしてきて、何でも知っている、そのわたしたちに反抗するとは？　指示したことになぜ応えられないの？　指示したことになぜいちいち噛みついてくるの？　という先輩の気持ちがあるからだと思います。

　そうなると、子ども抜きで感情論になってしまいがちです。

　個々の子どもたちにたいして、わたしはこう思うからこうしたらどうかしら？　と言わずに、
「０歳ってそうなんだよ」
「１歳児って噛みつくんだよ」と何の裏付けにもならないことで、若者を説得しようとします。

　わたしの１年目の園長時代を思い出してみると、ＯＬ時代の上司の言葉で、
「何事も、３日３月３年がかかる。どんな困難にぶつかっても３日３月３年という言葉を思い出すんだよ。３年たったら、もうだいじょうぶ」と。

　それはいつもわたしの背中を押してくれています。

　そのことによって自分の経験を振り返り、１年目は必死だったとか、３年目にはちょっと見えてきたとか、５年目になって本物というように、何がどのように見えてきたかをエピソードで語っていく、そこでハッとしてドキッとして気づいてもらう、ここから始めてみませんか？

### ＜プロジェクト型の保育＞

　保育園の理念を考えるとき、子どもの権利とおとなの

権利が等しくある、ということからスタートできるかどうかが大事なことです。

その理念を一致させていく職員集団のあり方を、現在はプロジェクト型の保育と言えると思います。

得意分野を同じテーブルに乗せて、何が出来るかを考え、一人ひとりの持っている力を借りていくのです。

たとえば、泣きながらピアノの練習をしてピアノの係を受けるということに時間を費やすのではなく、得意とする人にその部分は任せます。

自分はピアノが出来ない分、他のところで力を出します、というようにメンバーの中で役割などをコントロールできるようにしていくわけです。つまり運命共同体。

プロジェクトを組むということは、そこにはいつも子どもがいるわけです。

わたしから見た子どもの風景はこのように見えるけど、反対から見る子どもの風景はまた違って映る。隣のあなたにはどう映る？　というように保育の物語をどんどん語って展開していく。

わたしだけだと1個しか気づけないけど、プロジェクト型だと、たとえばそこに10人いるとしたら10通りの気づきが見えるわけです。

わたしが見た姿では気づくことができなかったけど、○○さんが見た姿にキラッと光るものがあったとすると、その居場所を決めるのは子どもです。

わたしはこれがいい、ぼくはあれがいいというように、置かれている環境がいつも選べる環境になっていると、子どもたちはいつもわくわくする環境をつくっていくことができます。

## あとがきにかえて
### ＜自分の生い立ち　幼少期＞

　わたしは自分の生い立ちを自分の指針にしているところがあります。

　自然に生かされて生きるということを言えるのは、子ども時代の田舎暮らしの体験からです。

　おとなたちは子どもたちの力を信じて、
「自由に出かけていいよ、ご飯になったら帰ってくるんだよ、暗くなる前に」

　それしか言わなかった。

　時間の感覚は、暗くなったから帰らなくちゃとか、おひさまがいなくなったら帰らなくちゃ怒られる、そういう感覚。

　そういう自然豊かな暮らしのなかで、感性を研ぎ澄まされたと言えるかもしれない。子どもたちはさあ感性をみがくぞとも、さあ遊ぶぞとも思っていない。

　いたずらしておとなを困らせるのも、泣くのも怒るのもすべて子どもにとっては遊びだと思うのです。それで何が悪いの？　と。

　おとなはどうしても、
「なんでそういうことするの？」
「何回言ったらわかるの？」

　子どもにとっては「何回言ってもわかりません」という世界。

　自分の子ども時代とすり合わせながら、今の目の前の子どもたちを見ていくと、
「なんでおとなたち！　いじくりまわすの？　ほっといて！」と言いたくなる世界が見える。

　なぜそう言えるの？

　わたしはほっとかれたので、放牧に近いと思います。でもそれは、どんなに子どもにとっても心地いい世界

だったんだろう、と。

　小さいときに初めて海に連れていかれたとき、怖かった。
　遠野は盆地だから海が見えない。わたしにとって初めての海は親戚のいる三陸海岸の釜石です。

　年長児くらいだったと思うのですが、「外国」ということにこだわった時期があった。
「外国ってどこ？」
「この山のむこう」と目の前の山を指す母。
「うそ」
　その先は母の実家があるところだったので、すぐうそというのはわかった。すると、
「そのまた山の向こう」と母は言う。
　聞くたびにそのまた向こう、山の向こうと言う。
　昔話を語り始める母かと思った時期があったが、でもそれはそれで親子のポエムでよかったんだな、と今は思う。

説明しないところが、いいかげんな語りがよかった。
　いつかわかるときがくるよ、というような余韻を残すことや、期待感を抱かせる、わくわくさせる、それも教育なんだなあということを母に学んだ。
　今この歳にして振り返られる。

　自分の家の庭を竹ぼうきできれいに掃く。誰にも邪魔されない世界を自分で創って、そこに棒きれや石や枝を拾ってきて落書きする世界が、たぶんわたしのアートの始まりなのだと思う。

　落書きを始めると、やんちゃな弟が必ずいたずらにくる。わざと足跡をつけにくる。やめてと言っても何回も来る。
　そのときにわたしは、弟がやらなくなるまでじっと待っている子だった。弟もわたしが絶対怒らないということを知っているので、「なんだ、やってもつまんない」

と思うらしく、違うことを始める。弟がいなくなるとまたわたしは続きを描く。

　新雪も、みんなが寝ている時間にこっそりと起きて、誰も足跡をつけないところをつける、それをすごく喜んでいた。

　田んぼに駆けていってバタッと倒れて、等身大の形ができたときの喜びだったり、朝日できらきら輝く雪の景色を綿毛のようなハッとした雪が「ダイヤモンドみたい」と。

　ダイヤモンドなんて知らない世界。見たことも触ったこともないのに、ダイヤモンドみたいという言葉がどこから出てきたのか、たぶん耳で聞いた言葉だと思う。

　そういう世界で幼児期を過ごしてくると、自然事象すべてが感性を研ぎ澄ます世界になっていたんだなあと、今あらためてそのように思う。

　現代に生きる子どもたちは、人工的な環境のなかで過ごしている。そのなかで選べと言われても、選びようがない。

　そういう意味で園庭改造の始まりは、風を感じて欲しい、雨を感じて欲しいという願いだった。

　雨の日の散歩もやってみませんか？　雨の日の園庭遊びもやってみませんか？　と勧めたいけど、職員はたじたじする。

「傘で怪我したらどうする？　風邪ひいたらどうする？」と。「やったー！」と思うのは子どもだけ。ハラハラドキドキする。

　園長になって「やっていい！」と言えたときは幸せだった。

　根っこはわたし自身の体験。

　園長になってその役をもらうと、

「雨の日の散歩も行ってみませんか？」

「いやですそんなの、怖いです」

「全員で行こうと思うから怖いのであって、5、6人の

## あとがきにかえて

少人数で、〝今日は特別の日〟として行こう」

分散して保育がまわらないときは、園長も主任もついていくという仕掛けもしたことがあった。

保育園のすぐ近くの古民家で、『工房集』の展示会があった。

「今から内緒でお散歩に行きます」と、散歩先も言わずに「どこ行くの〜」と言う年長児と一緒に行った。

「ごめんください」

ガラガラと石畳を渡って玄関に入ってみると、そこはアートの世界。そのときの年長児のはじけ方といったら凄かった。

そうやって子どもから学ぶ、本物を知るとはこういうことだと思う。おとなたちも感性を研ぎ澄ますし、仕掛けていくというところにアートの世界がある。

子どもから醸し出される心持ちを、どれだけ引き出し受け止め、キャッチボールをし、答えは自分で決めていいんですよ、という世界を柔軟にまかなえるか、ということがこれからの課題だと思っている。

それは「じょうず、へた」とか「できる、できない」ではなく、自分が具体的な体験をくぐらせて歩んできた心の育ちが、やがて生きる力の下地になっていく、と信じている。

生きる力を育む土台づくりの子ども時代を自分の幼少時代と重ね合わせて、その意味の本物を探ってみる。

こうして子どもの心持ちを深く読み取ろうとすることを限りなく、揺るぎなく継続していくことの大切さを一番に気づかせ導いてくれた白梅学園大学学長である汐見稔幸先生をはじめ、サンパテイック・カフェ代表の藤崎さよりさん、この本をきっかけにデビューされた藤崎杏里さんに心より感謝申し上げます。

皆さまのお力添えのおかげで、3冊目がうぶ声をあげることができました。

解説

# 「井上保育哲学」を読み解く

## ＜1＞

　この本で、井上さく子「保育三部作」が完成します。

　前二作もそうでしたが、井上さく子さんの保育論の文章には、無駄な言葉がなく、どのページをあけてどのフレーズを読んでも、そこに、気の利いた、明日の保育にすぐに参考になる言葉が必ず出てきます。

　その言葉は、どこかの本から借りてきたものではなく、優れた実践家が常にそうであるように、いつも子どもを共感的に観察し、そこで子どもから教えてもらったことを反省的に記述した、井上さく子さん自身の言葉になっています。

　だからでしょう、その文章は保育に関わる人の心に響きやすいのです。

　この本を含めて井上さんの保育論の文章は、主語が一人称であり読む人がそういうことってあるあると感じながら読めて、それでいて内容は一般的に通じる三人称的なもの、つまり理論になっているという独特のものといえます。

　私が特に感心するのは、井上さんが独自に発見した保育論、子ども論、気取っていえば保育哲学が、最近の子ども研究や発達研究で共通に見いだされてきたことと通底するものが多いということです。

　たとえばこの本の冒頭で、井上さんは次のように書いています。


　保育士になりたての頃、"育てることイコール教えること"と思っていた時代がありました。

　保育は「上から指導、教え込むことではない」ことに気づかされたのは０歳の子どもたちからです（p12）。


　最近の脳科学や発達科学の世界で共通に確認されてい

## 解説

ることが、実はこのことなのです。私たちは近代社会の教育への信頼感の強さの延長で、適切な教育作用こそが発達を促すのだと考えてきました。しかし、赤ちゃんがたとえばハイハイからタッチ、そしてよちよち歩きへと進むとき、大人は特に教育というべきことをしていません。にもかかわらず、赤ちゃんはより難しい二足歩行に挑み始めます。これは、赤ちゃんには今よりもより高度なことができるようになりたいという本能的な欲求と、それを具体化するために自ら挑んでいく本能のようなものが備わっているからだとしか説明がつきません。

赤ちゃんに限らず、子ども、いや人間は、今持っている力よりも少し上の力を手に入れればこんなことができると気がついたとき、そしてそれをできるようになりたいと思ったとき、誰に言われなくとも、自らそれをできるようになるように行動する、ということです。発達は人に教育されて起こるのではなく、自らが自らを発達させようとして生じる人間的な行為だということです。

類人猿があるとき、樹上生活をしていたのを止めて、下に降りて地上生活を営むようになった。それによって大きな進化を遂げるようになった、と私たちは習いました。しかし樹木には多くの果実があり、それで食べるものに困るということはないのではないか。現にオランウータンなどはそうして今も生きている。どうしてホモ族の一部は樹から下りるようになったのだろうということが疑問になります。

動物学者の今西さんは、それに対して、それは「その気になったからだ」と説明していましたが、まさにその通りだと思います。ホモ族はその気になって自分で自分を発達させる動物なのです。

これを認めると、保育とか教育は、あれこれ子どもの進むべき道を指し示して、そこに挑ませるというのではなく、優れた文化、子どもにとってホンモノの文化と多様に出会わせて、そのあるものを自らのものにしようとするのを待つ、そしてその気持ちになって子どもが挑ん

でいくのをサポートする営みということになります。

　この視点、こうした育ち観は、これまでも強制的な教育、社会の圧力があるからやっていたに過ぎない教育（もどき）を反省させ、子どもが育ちの主体になるような教育を構想することを支えます。

　このことをずっと以前に発見したのが実は倉橋惣三でした。彼の墓の墓標には

「自ら育つものを育たせようとする心　それが育ての心である　世にこんな　楽しい心があろうか」

　と書かれています。
『育ての心』という本の一節ですが、今述べたこととまったく同じことを言っているのだと思います。井上さく子さんは、自らの実践でこのことを発見しているわけですから、考えてみればすごいことだと思います。

&lt;2&gt;

　そこから必然的に生まれることですが、井上保育哲学の第二の特徴は、保育をするときは、子どもの本音の部分に共感して、それに対応することが決定的に大事だということを強調していることでしょう。

　たとえば

　子どもはいつも、「ほっといて欲しい、それで〝ぼく・わたし〟は幸せなんだ」と言いたいのではないか、と気づかされたとき初めて「保育をしてあげよう、子どもたちのために」が保育ではないと思えるようになりました（p12）。

　親御さんが「おはようございます。ほら先生にちゃんとごあいさつして！　するの！」と あいさつを強制している風景をよく目にします。言わされてあいさつすることほどいやなものはないと思いませんか？（p74）

こうした言葉があちこちに、さりげなく出てきます。よく「子ども目線を大事にする」とか「子どもの立場に立つ」と言われるのですが、井上さんはそれはそんなに難しいことではない、自分が子どもの頃に好きだったこと、いやだったことを、その本音のレベルで感じ直し、それを目の前の子どもにも見つければいいのだと言っているのです。

よく見たら、子どもは保育者に「黙って見ていて」「放っておいて」「強制しないで」等々と訴えている。そう聞こえるでしょう。そういうことをさりげなく言って、その子どもの本音の部分に共感しなければ、子どもは心を開かないし、子どもの心は見えてこないと井上さんは言います。

この、子どもの本音への共感は、<1>で見たように子どもには自ら育つ力があるのだから、それを信じて見守っていくことが大事だということから必然的に出てくることです。子どもの育つ力は、自分で自分を育てようとする力で、大人に勝手にあれこれしてほしくないという感情を含んでいるからです。井上さんは、そうしたことを一般論で理解するのではなく、目の前の子どもの姿を見て、そういう風に心で訴えていると保育者がいつも感じることが保育者にとってとても大事だと強調します。

これはなるほどと思えますが、保育者には実際には難しいことかもしれません。放っておいて、黙って見ていて、勝手にしないで、等々の子どもの本音は、大人の善意への反発のように聞こえるからです。

どうして親切で言っているのに、そう言うの！　と感じるかもしれません。井上さんはそうした感情を超えて、子どものそうした反発の中に子どもの尊厳があるということを理解しようと呼びかけているのです。

子どもを理解する、子どもに共感する等々の意味も、これに関係しています。子どもの命のもっとも根っこでのこうした本音、自分のことは自分でするから強制しな

いで、見ていてちょうだい等々という本音を感じ取れないと、子どもを理解したことや共感したことにはならないということなのです。

### <3>

井上さんの保育哲学、あるいは子ども理解のもう一つの特徴は、子どもは今見たような本音と、その本音と反対の方向を向いているように見える社会からの期待との間で、葛藤しながら、それをどう乗り越えるかという形でいつも成長していく、という見方をしていることです。矛盾が大事で、それを乗り越えるから人間として深みのある育ちをするのだという人間観であり育ち観です。例を挙げてみましょう。

3歳児の「やって！」は手助けを求めているというよりは、心の支えを求めているのです。

2歳児のこだわりと違い、3歳児は自己主張しながら相手の反応を試し、この人はすぐにやってくれる、この人は厳しい、などを感じ取っていきます。

仲間のなかでも、その力関係を試すようになるので、ケンカも多くなります。

このように、3歳児の「自分で！」のなかには、さまざまな情緒面の葛藤があるのです（p14）。

プライドの高い4歳児は、仲間のなかで相談し合い、交渉して、簡単におとなの手を借りようとはしません。

このプライドの塊の仲間集団で、すったもんだしながら、「しょうがない、あと1回だけやるよ」と、また遊びが復活することもあれば、それでも頑固に「やらない」と言われて、仲間で楽しんできた遊びがそこで悲しい世界に置かれてしまう、ということもあります。

でも、そう簡単に気持ちが切り替えられないのが4歳児です。やめた子は、自分の願いがかなって満足かもしれないけれど、仲間たちはその子の言動が許せなくて、食事しながら「〇〇ちゃんはもう仲間にいれてあげな

# 解説

い」とつぶやきながら、もがき葛藤します。

　お昼寝から起きたら頭がスッキリして許せるかというとそうでもなく、一日中仲間意識にこだわっていきます。(p51)

　手に持ったものは投げてみたくなる子どもの気持ちを受け止めつつ、投げていいものと投げては困るものを気づかせていきます。ボールは投げていいけど、フライパンや鍋は投げてはいけないというように。

　子どもはイラッとしたら、とっさに鍋さえも投げることがあります。

　「投げた鍋を拾ってきなさい」と言うのではなく、「鍋が泣いているね」と言うと、これは投げるものじゃないと気づいていきます。

　繰り返しやるかもしれませんが、投げていいものといけない物との仕分けを、頭のなかで自然にできるようになっていきます。(p71)

　この中には、葛藤をどう乗り越えさせていくかということがケースバイケースで紹介されています。この乗り越えさせ方はぜひ参考にしてほしいのですが、眼目はそこにはなく、子どもの育ち、子どもの個性、子どもの状況等によって葛藤の仕方と乗り越え方は多様であっても、いずれもそうして葛藤することを否定的に見ないで、育ちの契機としてポジティブに見ていることです。葛藤して怒っている子ども、葛藤して喧嘩になっている子ども、葛藤して先生に怒っている子ども、葛藤してわがままなことを言っている子ども……そうした子どもに接したとき、あ、この子はこの子らしく今育とうしている、と直感できるかどうかということです。こうした子どもの見方ができるところに井上さんらしさと井上さんらしい保育哲学があります。

　実は葛藤とその乗り越えというのは、子どもの育ちの基本哲学なのです。ピアジェの同化と調節の均衡化とそ

の変化という発達論も、エリクソンの8つの発達段階のそれぞれの葛藤課題も、その他多くの発達研究者の発達の見方も、その基本は、この葛藤とその乗り越えというものです。この葛藤ということが大事だと思うようになると、子どもの困ったように見える場面が、実は子どもの育ちの大事な場面と感じられるようになります。そうなれば俄然保育がダイナミックで面白いものになっていくはずです。

　また、こうした葛藤を上手に体験させてやり、乗り越えさせてやると、子どもはしだいに心に平安と自分に対する信頼感を感じるようになっていきます。これが心の育ちというもので、最近世界各国で重要なカテゴリーになってきている社会情動的スキルとか情動知性とかあるいは非認知的能力とか言われている能力や属性は、こうした葛藤とその温かい乗り越えということを繰り返していくことで、少しずつ子どもの中に育っていくものなのです。

　その意味で、この本で井上さんがたくさん紹介している事例は、新たに、社会情動的スキルの形成とか非認知的能力の育成という視点からも評価できる可能性があります。だれかがそうした視点から分析することを期待していますが、それは井上保育哲学の学的吟味という興味深い作業になっていくと思います。

　もっと分析し評価したいことは多くありますが、紙面の都合でここでおいておきます。読者は、好きなページから読んでいって、そこに大事な言葉を見つけていってほしいと思います。

2016年8月

　　　　　　　　　　　　白梅学園大学学長　　汐見稔幸

＜著者プロフィール＞

## 井上さく子（いのうえさくこ）

1953年岩手県遠野市生まれ。
1976年目黒区立第二田道保育園に保育士として勤務。
2014年目黒区立ひもんや保育園園長を最後に38年間の保育士生活にピリオドを打つ。
現在　新渡戸文化短期大学非常勤講師
臨床育児・保育研究会世話人　環境部会世話人
アサラゲコチャ（希望をもつ）：ネパールOKバジを支援する会代表
著書　『だいじょうぶ　さく子の保育語録集』（サンパティック・カフェ）、
『なんでも見ている、知っている、感じている　赤ちゃんの微笑みに誘われて　さく子の乳児保育』（同）

保育環境アドバイザーとして研修会講師、講演活動、執筆活動を通して、
子どもの世界を広く人々に伝えることをめざしている。
遠野あとむのペンネームで詩作、朗読、イラストレーターとしても活躍。

●

＜解説者プロフィール＞

## 汐見稔幸（しおみとしゆき）

1947年大阪生まれ
東京大学大学院教授を経て
現在　白梅学園大学学長　臨床育児・保育研究会主宰

●

カバー・表紙・本文イラスト／井上さく子

<small>ぜんぶ子どもが教えてくれる</small>
## 探しながら自分を生きる
──さく子の幼児保育──

2016 年 8 月 15 日　初版発行

著　者●井上さく子
発行者●藤崎さより
発行所●㈱サンパティック・カフェ
　　　〒 359-0042　埼玉県所沢市並木 7-1-13-102
　　　TEL 04-2937-6660　FAX 04-2937-6661
　　　E-mail：sympa-cafe@hotmail.co.jp
発売元●㈱星雲社
　　　〒 112-0005　東京都文京区水道 1-3-30
　　　TEL 03-3868-3275　FAX 03-3868-3276

印刷・製本●シナノ書籍印刷㈱
　　　　　　ISBN978-4-434-22340-2　C0077